독일어 원서 최초 번역

독일 기독교 귀족에게 고함

– 마르틴 루터의 종교개혁 핵심서

마르틴 루터 지음 | 원당희 옮김

Martin Luther

An den christlichen Adel Deutscher Nation

세창미디어 MEDIA

독일 기독교 귀족에게 고함

초판 1쇄 발행 2010년 4월 15일
초판 2쇄 발행 2021년 4월 5일

–

지은이 마르틴 루터
옮긴이 원당희
펴낸이 이방원
편 집 김명희 · 안효희 · 정조연 · 정우경 · 송원빈 · 최선희 · 조상희
디자인 양혜진 · 손경화 · 박혜옥 **영 업** 최성수

–

펴낸곳 세창미디어
신고번호 제312-2013-000002호 **주소** 03736 서울특별시 서대문구 경기대로 58 경기빌딩 602호
전화 02-723-8660 **팩스** 02-720-4579 **이메일** edit@sechangpub.co.kr **홈페이지** http://www.sechangpub.co.kr
블로그 blog.naver.com/scpc1992 **페이스북** fb.me/Sechangofficial **인스타그램** @sechang_official

–

ISBN 978-89-5586-107-5 03850

이 도서의 국립중앙도서관 출판예정도서목록(CIP)은 서지정보유통지원시스템 홈페이지(http://seoji.nl.go.kr)와 국가자료종합목록 구축시스템(http://kolis-net.nl.go.kr)에서 이용하실 수 있습니다.(CIP제어번호: CIP2010001278)

차 례

마르틴 루터의 삶

같은 해에 발표한 《기독교인의 자유에 관하여Von der Freiheit eines Christenmenschen》에서 루터는 교황의 권위에 도전하는 발언으로서 인간은 누구나 자신을 추구하여 죄를 짓지만, 예수 그리스도로 말미암아 죄를 용서받고 "모든 것을 지배하는 자유로운 주인" 및 "섬기는 종"이 될 수 있다고 주장한다.

마르틴 루터Martin Luther는 1483년 11월 10일 독일 아이슬레벤Eisleben에서 아버지 한스 루터Hans Luther와 어머니 마가레테 린데만Margarethe Lindemann 사이에서 태어났다. 루터의 아버지는 광산업자로 신분 상승을 이룬 부유한 시민계층에 속했고, 따라서 자식의 교육과 성공에 대한 기대감 또한 매우 충만한 사람이었다.

루터는 마그데부르크와 아이제나흐에서 초등 및 중고등교육에 해당하는 기초교육을 마친 뒤, 1501년 에르푸르트대학에서 교양과정을 수료한다. 이후 1505년 아버지의 뜻에 따라 법학을 공부하지 않을 수 없게 된다. 그러나 법학 공부를 시작하기도 전인 7월 2일 슈토터른하임에서 친구가 벼락을 맞고 죽는 것을 목도하고는, 신부가 되기로 결심하여 에르푸르트에 있는 아우구스투스 은둔자 수도원에 들어간다. 이렇게 해서 1507년에는 신부가 되고, 이후 1512년에는 프리드리히 선제후選帝侯가 창설한 비텐베르크대학교에서 신학박사

학위를 받는다.

루터는 비텐베르크에서 그의 친구인 요한 폰 슈타우피츠의 교수 업무를 물려받아 신학 강의를 시작한다. 이 무렵 그는 성서연구에 있어서 결정적인 물음 즉, 죄를 지은 인간은 과연 하느님의 구원을 받을 수 있는지 하는 물음에 봉착한다. 그는 이때 로마서에 근거한 믿음으로 인한 구원과 예수 그리스도를 통한 하느님의 은총을 확신하게 되고, 그것은 결과적으로 당시 관습처럼 횡행하던 면죄부 판매에 대한 비판으로 이어지게 되었다. 그리하여 1517년 10월 31일 〈면죄의 힘에 관하여Über die Kraft des Ablasses〉라는 제하題下의 '95개 논제'를 비텐베르크 슐로스 교회 대문에 내걸게 됨으로써, 흔히 종교개혁이라고 부르는 종교적-정치적 운동의 신호탄이 발사된다. 가톨릭적, 중세적 종교체계, 교회를 통한 은총의 계급체계가 동요하기 시작하고, 성서와의 직접적인 만남에 따라 기독교 생활의 새로운 질서를 창출하려는 시도가 형태를 얻기 시작하는 것이다.

이에 놀란 로마 교황청은 즉시 종교재판을 통해 루터의 영향력을 차단하려고 노력하지만 실패로 돌아가고, 1518년 가을 아우구스부르크에서 독일 주재 교황대사인 토마스 카제탄Thomas Cajetan을 통해 루터의 안건을 철회하도록 종용하는 유화책이 시도되지만, 이 또한 실패로 끝난다. 이후 비텐베르크의 개혁파인 루터 및 칼슈타트Karlstadt와 잉골슈타트의 신학교수인 요한 에크Johann Eck 사이에 벌어진 이른바 라이프치히 논쟁은 양진영의 영원한 화평을 고려하여 신중하게 전개되었으나, 루터는 여기서도 교황의 절대적 신권을 부정하고 공의회公議會의 오류를 신랄하게 지적함으로써 화해의 시도는 좌절된다.

당시의 논쟁에서 일부 개혁적 인문주의자들과 독일의 교황 반대파들, 특히 남서 독일 지역의 제후들이 루터를 동조하고 나선다. 이 공동 투쟁의 사상적 표현이 바로 1520년에 나온 저작 가운데 첫 번째인 《독일 기독교 귀족에게 고함An den christlichen Adel Deutscher Nation》이다. 여기서 루터는 교회개혁의 책임은 성직자들에게 있으나, 그들이 의무를 제대로 수행하지 못함으로 독일의 기독교 귀족들이 기독교의 개혁에 앞장서야 한다고 말한다. 그는 교황의 권위가 3개의 벽으로 둘러싸여 있다고 주장한다. 이를 간단히 요약하면, (1) 성직자의 권위가 세상의 권위보다 우위에 있다는 교리를 첫 번째 벽으로 규정한다. (2) 교황만이 성서를 실수 없이 번역할 수 있다는 교리가 두 번째 벽이다. (3) 교황만이 합법적 공의회를 소집할 수 있다는 것이 세 번째 벽이다.

같은 해에 발표한 《기독교인의 자유에 관하여Von der Freiheit eines Christenmenschen》에서 루터는 교황의 권위에 도전하는 발언으로서 인간은 누구나 자신을 추구하여 죄를 짓지만, 예수 그리스도로 말미암아 죄를 용서받고 "모든 것을 지배하는 자유로운 주인" 및 "섬기는 종"이 될 수 있다고 주장한다.

이로 말미암아 결국 루터는 파문장破門狀을 받게 되고, 이듬해인 1521년에는 보름스Worms 의회에 소환되어 카를 5세 황제의 심문을 받는다. 여기서도 그는 자신의 소신을 굽히지 않았는데, 그는 심문을 받고 돌아가다가 작센의 선제후 프리드리히 현공賢公에 의해 바르트부르크 성에서 숨어 지내며 보호를 받을 수 있게 된다. 바로 이 시기에 독일 역사상 매우 중요한 신약성서의 독일어 번역이 완성된다.

한편 루터가 성서 번역에 몰두해 있는 동안, 비텐베르크에서는 칼슈타트가 이끌던 과격파들이 지나치게 급진적인 개혁운동을 벌이고 있었다. 예를 들어 미사의 폐지나 평신도들에 대한 성배 부여 등이 그러했다. 이와 같은 소란은 루터가 바르트부르크에서 돌아온 뒤 진정되는 양상을 보였지만, 얼마 뒤 농민전쟁(1524~1525)으로 발전하는 계기가 된다. 그리하여 종교개혁은 이제 새로운 국면으로 접어드는데, 루터는 종교개혁의 과격파나 농민운동 지지자들에 대해서는 성서신앙 본연의 입장을 고수함으로써 그들과는 뚜렷한 선을 긋는다.

1525년 농민전쟁이 끝날 무렵 16세 연하인 카타리나 폰 보라Katharina von Bora와의 결혼은 세기의 놀랄 만한 사건으로 기록된다. 루터의 종교개혁에 공감한 용감한 여성 카타리나는 수도원을 뛰쳐나와 루터의 열성적인 지지자로 있다가 루터와 결혼하게 된다. 루터는 그녀와의 결혼을 자기이론의 실천이라고 설명한 바 있다. 이후 그는 만년에 이르기까지 한편으로는 로마 가톨릭교회에 대항하고, 다른 한편으로는 급진적 개혁파와 싸우며 살아간다. 특히 에라스무스와 같은 인문주의자와의 치열한 논쟁은 유명한 역사적 사건으로 남게 된다. 1546년 루터는 영주들 사이의 분쟁을 해결하려고 여행하다가 자신의 고향인 아이슬레벤에서 삶을 마친다.

Martin Luther

독일 기독교 귀족에게 고함

An den christlichen Adel Deutscher Nation

현 기독교 상황의 개선에 관하여

세상을 등진 비천한 성직자로서 내가 이런 고귀한 신분의 위대한 분들에게 감히 이렇게 중대한 사안에 관해 말씀드린다는 것은 아마 비난을 면치 못할 일이라고 생각합니다. 기독교인의 위치를 잘 수행하면서 이렇게 분별력이 높은 사람들에게 충고하는 자는 마치 루터 박사 이외에는 아무도 없다는 듯이 행동하니 말입니다. 원한다면 나를 책망하십시오, 그래도 나는 변명하지 않겠습니다.

성서연구 석사der heiligen Schrift Lizentiat이자 비텐베르크 대성당 참의원이며, 존경하는 내 친우 니콜라우스 폰 암스도르프[1)]에게 드립니다. 신학박사 마르틴 루터.

글을 시작하기 전에 우선 경애하는 친구에게 하느님의 은총과 평화가 깃들길 기원합니다. 전도서에 적혀 있듯이(3, 7) 침묵의 시간은 지나고, 말할 때가 도래했습니다. 나는 우리의 의도에 따라 현 기독교 상황의 개선과 관련된 몇 가지 문제를 모아 보았습니다. 하느님은 실상 평신도를 통하여 교회를 돕고자 하시는 것은 아닌지 나는 독일의 기독교 귀족에게 묻지 않을 수 없었습니다. 당연히 이 일을

1_ Nicolaus von Amsdorf(1483~1565): 비텐베르크대학의 신학교수로서 루터의 친구이자 한결같은 지지자. 예나 대학의 공동창설자이며, 루터가 소환장을 받고 1521년 3월 보름스 국회에 참석했을 때 동반했던 한 사람.

떠맡아야 할 성직자들이 완전히 태만해져 버렸기 때문입니다. 귀형貴兄께서 부디 이에 관해 판단을 내리고, 필요하다면 더 좋은 고견을 들려주도록 이 모든 것을 보내는 바입니다.

세상을 등진 비천한 성직자로서 내가 이런 고귀한 신분의 위대한 분들에게 감히 이렇게 중대한 사안에 관해 말씀드린다는 것은 아마 비난을 면치 못할 일이라고 생각합니다. 기독교인의 위치를 잘 수행하면서 이렇게 분별력이 높은 사람들에게 충고하는 자는 마치 루터 박사 이외에는 아무도 없다는 듯이 행동하니 말입니다. 원한다면 나를 책망하십시오, 그래도 나는 변명하지 않겠습니다. 아마도 나는 나의 하나님과 세상 사람들에 대하여 한 번 더 우행愚行[2]을 저질러야 할 의무가 있는 것 같습니다. 벌써 나는 그런 행동을 시도했습니다. 이렇게 된 바에야 나는 그 의무를 성실하게 이행하고 또 한 번 궁정의 익살광대[3]가 되고자 합니다.

설령 내가 실패한다고 할지라도 한 가지 이득은 있습니다. 요컨대 그 누구도 나에게 광대 모자를 사오거나 거기 달린 볏Kamm을 자를 필요가 없습니다.[4] 그러나 누가 다른 자에게 방울을 달아 줄 것

2_ 1517년 비텐베르크에서 교황의 행위에 반대하는 95개 논제Thesen를 발표한 이후 1518년에는 교황의 지시를 따르는 카예탄Cajetan 추기경과의 논쟁이 있었으며, 1519년 7월에는 루터의 적대자 요한 엑크Johann Eck(잉골슈타트의 신학교수)와의 이른바 라이프치히 논쟁이 있었는데, 여기서 우행Torheit이란 바로 이 글들을 써서 다시 로마의 교황과 그의 추종자들을 비판하는 행위를 의미하는 것으로 보인다.

3_ 각주 2와 연관된 표현으로 독일어로는 Hofnarr.

4_ 독일어 원문참조: Es braucht mir niemand eine Kappe zu kaufen noch den Kamm zu scheren. 루터 자신이 방울 달린 모자를 쓰기로 자청하였기에.

인가 하는 문제는 아직 남은 것입니다! 세상 사람들이 무슨 짓을 할지언정, 성직자는 정신을 차려야 하며, 그제야 제 모습이 그려진다는 격언을 나는 실행에 옮겨야만 합니다. "누군가 지혜롭고자 한다면, 그는 어리석은 자가 되어야만 합니다"[고린도 첫째(3, 18)]라고 사도 바울이 말한 것처럼, 어리석은 자가 지혜롭게 말한 적이 여러 차례 있었으며, 때로는 지혜로운 사람들이 종종 어리석은 사람들이 되기도 하였습니다. 더구나 나는 어리석은 자일뿐만 아니라 서약한 성서연구 박사이기 때문에, 이처럼 어리석은 방식으로 내 서약을 충분히 이행할 기회가 생기게 된 것을 기쁘게 생각합니다.

청컨대 사리 바르고 분별력 있는 분들에게 나를 변호해 주시면 좋겠습니다. 왜냐하면 나는 분별력이 지극히 높은 사람들의 은총과 호의를 어떻게 하면 얻을 수 있는지 알지 못하기 때문입니다. 전에는 종종 그렇게 해보려고 노력도 많이 했습니다만, 차후로는 더 이상 노력도 고려도 하지 않으려고 합니다. 하느님, 우리를 도우시어 우리가 우리의 영광이 아니라 당신의 영광만을 구하도록 하소서! 아멘.

비텐베르크의 아우구스티누스 수도원에서 성 요한 탄생일 전야. 1520년 6월 23일.

존엄하고 강력하신 황제 폐하와 독일의 기독교 귀족에게. 신학 박사 마르틴 루터 드림.

먼저 가장 위대하신 폐하와 자애롭고 경애하는 귀족들께 하느님의 은총과 권능이 깃들기를 기원합니다. 미천한 개별자로서 내가 존엄하신 여러분들 앞에서 감히 말씀을 드리려고 한 것은 주제넘은 방종과 불경에서 나온 것이 아닙니다. 기독교도의 모든 계층과 무엇보다 독일을 억누르는 고난과 압박은 저뿐만이 아니라 모든 사람들을 자극하여 수차례나 울부짖어 도움을 간구하게 하였으며, 이제 나로 하여금 하느님께 큰 소리로 외치고 호소하지 않을 수 없도록 하였습니다. 하느님께서는 누구에게 성령을 내리실 것이며, 비참한 국가를 향하여 과연 구원의 손을 내미실 것인지 하고 말입니다.

종종 공의회들[5)]을 통하여 뭔가가 제기되곤 했었으나, 그럼에도 그것은 몇몇 사람들의 술책에 의해 교묘하게 방해를 받았고, 점점 더 나쁜 사태로 변질되고 말았습니다. 이제 나는 이런 간계와 악의를 하느님의 도움으로 확연히 밝혀내고자 하는 바, 이는 그들의 정체를 알도록 하여 차후로는 그들이 그렇게 방해하고 해를 입히지 못하도록 하기 위함입니다. 하느님께서는 우리의 머리에 신선하고 고귀한 피를 주셔서 많은 사람들의 가슴을 위대하고 선한

5_ 공의회Konzilium에서는 교회의 중대 사안들이 논의되었다. 루터가 여기서 말하는 공의회는 특히 교황 요한네스 23세가 지기스문트 황제의 압력으로 개최한 콘스탄츠 공의회(1414~1418)와 교황 마르티누스 5세가 개최한 바젤 공의회(1431~1439)를 말한다.

희망이 되도록 일깨워 주셨습니다. 따라서 이를 위해 우리는 하느님께 받은 피를 다 쓰고, 때와 은혜를 유용하게 사용하는 것이 당연합니다.

이 일에서 주로 실행되어야 할 첫 번째 사항은 세상권세가 모두 우리의 것이라고 할지라도 큰 힘이나 이성을 믿고 일을 시작하지 않도록 세심하게 주의를 기울여야 한다는 것입니다. 왜냐하면 하느님께서는 아무리 선한 일이라도 자신의 능력과 이성을 믿고 그것을 시작하는 것을 허락하실 수 없고 또 허락하지도 않으실 것이기 때문입니다. 하느님은 이런 행위들을 바닥에 내치실 것입니다. 시편(33, 16)에서 "왕도 군사가 많다고 존속하는 것은 아니고, 군주도 힘이 세다고 존속하는 것이 아니다"[6]라고 기록되어 있는 것처럼, 그런 행위는 전혀 소용이 없습니다. 그리고 이런 이유에서 과거에 훌륭한 영주들, 황제 프리드리히 1세[7]와 프리드리히 2세,[8] 그 밖에 다른 많은 독일 황제들이 온 세상이 두려워하던 교황들에 의하여 비참하게 짓밟히고 억압을 당한 것이 아니었을까 곰곰이 생각해 봅니다. 그들은 아마도 하느님을 신뢰하기보다는 자신의 힘을 더 신뢰하여 좌절을 맛봐야 했던 것입니다. 우리의 시대에는 무엇이 피에 굶주린 교황

6_ 여러 성서를 대조해 보아도 서로 다를 뿐만 아니라 본서의 원문과는 차이가 난다. 본서의 독일어 원문은 다음과 같다. Es wird kein König bestehen durch seine große Macht und kein Herr durch die Größe seiner Stärke.

7_ 바바로사Barbarosa라고도 불림. 그는 호엔슈타우펜 왕가 출신으로 1152년 신성로마제국 황제에 오른다. 십자군 원정 및 많은 전투에 참여한 용장이기도 하지만, 많은 적들 가운데 로마 교황청이 가장 두려워 한 상대였다.

8_ 바바로사 황제의 손자. 재위기간은 1211~1250.

율리우스 2세[9]를 이처럼 기세등등하게 만들었는지, 그 이유는 프랑스와 독일, 베네치아가 스스로를 과신했기에 그랬던 것 아닌가 생각합니다. 성서에서도 베냐민의 자손들은 4만 2,000명의 이스라엘 사람들을 죽였는데, 이는 이스라엘 사람들이 그들 자신의 힘을 신뢰했기 때문입니다.[10]

우리는 저 고귀한 혈통의 카롤로Carolo[11]와도 잘 지내는 사이가 아니기 때문에, 이 문제에 있어서 인간들이 아니라 지옥의 영주들과 담판하고 있음을 분명히 깨달아야만 합니다. 그들은 전쟁과 피의 세례로 세상을 가득 채울 수는 있을 테지만, 세상은 그런 것으로 극복되는 것이 아닙니다. 우리는 이제 물리적인 힘을 포기하고 겸손하게 하느님을 신뢰하여 이 일을 시작하고, 열심히 기도함으로써 하느님의 도움을 구해야만 합니다. 악한 자들이 어떤 벌을 받았는지 개의치 말고, 오로지 곤궁에 빠진 기독교의 불행과 고난에만 주의를 기울여야 합니다. 이렇게 하지 않으면 우리의 일이 거대한 광휘에 싸여 시작된다 해도, 어느 시점에 도달하면 악령들이 나타나 큰 혼란을 일으키게 될 것이며, 그리하여 온 세상이 피에 젖어 마침내는 아

9_ 율리우스Julius 2세(1443~1513)는 1503년에 교황으로 등극한 이후 로마의 안전을 확고히 하기 위해 독일(신성로마제국)과 프랑스와 동맹을 맺고 베네치아의 영향력을 약화시킨다. 교황 자신이 갑옷을 입고 전투에 직접 참여한 것으로도 유명하다.

10_ 재판관기(20, 22와 25).

11_ 당시에는 젊은 황제였던 카를 5세(1500~1558). 그의 조부는 신성로마제국의 막시밀리안 1세인데, 그는 1519년부터 신성로마제국의 황제였지만, 1516년부터 죽을 때까지 주로 스페인을 통치했으며, 스페인에서는 카를로스 1세로 불린다. 카를 황제는 1521년 3월 루터에게 신변의 안전을 보장하면서 보름스 국회에 와 줄 것을 요청한다.

무것도 이루어지지 않을 것입니다. 그러므로 우리는 하느님을 두려워하는 가운데 슬기롭게 행동하지 않으면 안 됩니다. 만일 우리가 하느님을 두려워하는 가운데 겸손하게 행동하지 않으면, 힘이 커질수록 불행도 더욱 커질 것입니다. 교황들과 로마인들은 이제까지 악마의 도움을 받아 왕들끼리 서로 싸우게 할 수 있었습니다. 그런데 만일 우리가 하느님의 도움 없이 우리의 힘과 계책대로만 나간다면, 그들은 이제 다시 그런 짓을 저지를 수 있을 것입니다.

****

교황을 위시한 그의 추종자들은 간교하게도 자신들 주변에 **세 개의 장벽**drei Mauer을 둘러놓고 자신들을 방어함으로써, 아무도 그들을 개혁할 수 없도록 했습니다. 이로써 전체 기독교가 무섭게 부패의 늪에 빠지게 되었습니다.

첫째, 로마파들이 세상권세에 억눌렸을 때, 그들은 세상권세가 그들을 누를 어떤 권리도 없으며 반대로 성직자의 권세가 세상권세 위에 있다고 말하고 주장해 왔습니다. 둘째로, 성서에 의거하여 로마파들을 처벌하려고 하면, 그들은 교황 외에는 아무도 성서를 해석할 자격이 없노라고 반론을 제기합니다. 셋째로, 그들은 공의회公議會를 통하여 위협을 받으면, 교황 이외에는 어느 누구도 공의회를 소집할 수 없노라고 거짓말을 지어냅니다. 이렇게 그들은 벌을 받지 않으려고 우리에게서 세 가지 회초리를 슬며시 훔쳐갔습니다. 그리고 우리가 지금 보고 있는 모든 비열한 행위와 악한 짓을 행하기 위하여 이 세 가지 장벽의 안전한 요새 속으로 피신하였습니다. 그들이 공의회를 필히 열어야만 했을 때에도, 영주들로 하여금 예전처럼 머물러 있게 하기 위해 미리 서약으로 의무를 지움으로써 공의회를 사전에 무력화시켰으며, 나아가 공의회의 모든 절차에 대한 완전한 권한을 교황에게 부여함으로써 공의회가 자주 열리든 안 열리든 마찬가지가 되고 말았습니다. 그들은 가면과 기만술로 우리를 속이는 바, 올바르고 자유로운 공의회를 소름끼치도록 그렇게 두려워합니다. 그리고 이 모든 악의적이고 교활한 허깨비 놀이에 따르지 않으면, 하느님을 거역하는 것이라고 왕들과 영주들에게 믿게 함으로써 그들을 협박하였습니다.

하느님, 우리를 도우시고 여리고 성벽die Mauern Jerichos을 무너뜨리던 나팔[12] 가운데 하나를 주시어 우리가 이 짚과 종이로 된 장벽들을 무너뜨리게 하소서. 그리고 죄를 벌하고 악마의 간계와 허위를 밝히도록 그리스도의 회초리를 자유롭게 쓰게 하시고, 하여 우리가 징벌을 통하여 우리 자신을 개선하고 하느님의 은혜를 다시 얻을 수 있도록 하소서.

우선 첫 번째 장벽을 공격합시다.

교황, 주교들, 사제들, 수도사들을 영적 계층der geistliche Stand이라고 부르고 영주들, 군주들, 직공들 및 농부들을 세속적 계층der

12_ 여호수아(6, 20).

weltliche Stand이라고 부르는 것은 날조된 것입니다. 이는 정말 거짓이며 위선입니다. 하지만 그 누구도 이런 따위에 겁을 먹어서는 안 됩니다. 충심에서 우러난 말입니다. 왜냐하면 모든 기독교인은 진실로 영적 계층에 속하며, 그들 사이에 직무상의 차이 이외에는 아무 차이도 없기 때문입니다. 바울도 고린도 첫째 12장에서 우리 모두는 한 몸이지만, 각 지체肢體가 다른 지체를 섬기기 위하여 각각 자기 나름의 일을 갖고 있다고 말합니다.[13] 이는 우리가 하나의 세례, 하나의 복음, 하나의 믿음을 가지고 있고, 또한 다 같은 기독교인들이라는 점을 상기하게 합니다. 그도 그럴 것이 세례와 복음과 믿음, 그것만이 우리를 영적으로 만들고 같은 기독교의 백성이 되게 하기 때문입니다.

그러나 교황이나 주교가 기름을 바르고 삭발을 한 채 성직을 수여하고, 서품식敍品式을 거행하면서 평신도와는 다른 옷을 입는 것은 위선자와 바보들[14]을 만들 수 있으며, 결코 기독교인이나 영적인 인간을 만들지는 못합니다. 우리는 모두 세례를 통하여 사제의 서품을 받습니다. 이는 성 베드로가 베드로 첫째(2, 9)에서 "여러분은 왕이요 제사장이요, 제사장 같은 나라입니다"라고 말한 것과 같습니다. 또 계시록(5, 10)에서 "당신은 우리를 피로써 제사장과 왕들이 되게 하셨습니다"라고 한 것과도 상통합니다. 만일 교황이나 주교가 주는 것보다 더 높은 서품이 우리에게 주어지지 않는다면, 교황이나 주교

13_ 고린도 첫째(12, 12 이하).

14_ 바보들Ölgötzen; 성유聖油를 바른 사제들에 대한 조롱.

의 서품식을 통하여 결코 사제가 되지 못할 것이며, 그 누구도 미사를 드리거나 설교를 하거나 면죄免罪 행위를 하지 못할 것입니다.

그러므로 주교의 서품이란 그가 동등한 권한을 가진 전체 회중을 대신하여 그들 가운데 하나를 선택하여 그에게 다른 사람들을 위하여 이 권한을 수행하도록 맡기는 것과 다르지 않습니다. 이는 마치 모두가 왕의 자식이고 동등한 상속자들인 열 형제가 그들 가운데 하나를 선택하여 자신들 대신 유산을 관리하게 하는 것과도 동일합니다. 그들 중 하나가 관리를 맡고 있기는 합니다만, 그들은 모두가 왕들이며 동등한 권력을 소유하고 있다 하겠습니다.

이를 좀 더 명확히 설명하고자 합니다. 경건한 기독교 평신도들의 작은 무리가 포로가 되어 어느 황량한 사막에 있게 되었는데, 그들에게는 주교로부터 서품을 받은 사제가 한 사람도 없다고 가정해 봅시다. 그리고 그들이 거기서 그들 가운데 결혼을 했든 안했든 한 사람을 선택하여 그에게 세례를 행하고 미사를 드리고 면죄하고 설교하는 직무를 맡겼다고 합시다. 그렇다면 이 선택된 사람은 모든 주교들과 교황들이 서품을 수여한 것과 조금도 다를 바 없는 진실로 사제라 할 것입니다. 필요시에는 누구나가 세례를 베풀고 면죄할 수 있다는 것도 이런 근거에 기초하는데, 만일 우리 모두가 사제가 아니라면 이는 불가능할 것입니다. 로마파들은 성직자 법을 통하여 세례와 기독교도 신분의 큰 은총과 권능을 완전히 말살했으며, 사람들의 기억에서 사라지게 했습니다. 그러나 옛날에는 이런 식으로 기독교인들이 자신들의 무리에서 주교와 사제들을 선택하였으며, 그런 다음 지금과 같은 가식 없이 주교들의 추후 인준을 받았습니다. 이렇게 해서 성 아우구스티누스,[15] 성 암브로시우스,[16] 성 키프리아누스[17]가 주교가 되었던 것입니다.

이제 세상권력을 지닌 사람들은 우리와 마찬가지로 세례를 받고 같은 믿음과 복음을 가지고 있기에, 우리는 그들을 사제와 주교로 인정해야 합니다. 그들의 직무를 기독교 사회에 속하는 유용한 것으로 간주해야만 합니다. 그럴 것이 세례를 받은 자는 누구나, 설령 직무를 수행하기에 합당하지 않을지라도, 사제나 주교, 교황의 서품을 받았다고 자랑할 수 있기 때문입니다. 실로 우리 모두가 다 같이 사제들이기 때문에, 어느 누구도 우쭐해 하면서 우리의 동의나 선택 없이 다 같은 권한을 지닌 일을 독선적으로 감행하려 해서는 안 됩니다. 왜냐하면 그 누구든 공동체에 속한 것을 전체의 의사와 허락 없이 떠맡으려고 해서는 안 되기 때문입니다. 그리고 누군가 이 직무를 위하여 선택되었으나 직권의 남용으로 말미암아 파면을 당한다면, 그는 이전과 같은 상태로 돌아가게 될 것입니다.

그러므로 기독교에서 사제의 신분이란 관리자 외에 다른 것이 아닙니다. 그가 직무를 수행하는 한, 맡은 업무에서 우선권을 갖습니다. 그러나 그가 파면당하면 다른 사람들처럼 농부나 시민이 됩니

15_ Augustin(us): 395~430년 북아프리카 히포Hippo의 주교. 이때 《고백론》을 비롯한 많은 저술들이 나왔다.

16_ Ambrosius: 374~397년 밀라노의 주교.

17_ Cyprianus: 247~258년 카르타고의 주교.

다. 마찬가지로 한 사제가 파면을 당하면 분명히 그는 더 이상 사제가 아닙니다. 그러나 지금 그들은 소위 **삭제할 수 없는 성격** characteres indelebiles18)이라는 것을 고안해냄으로써, 파면된 사제라 해도 그는 단순한 평신도와는 다른 어떤 존재라고 지껄입니다. 나아가 단연코 사제는 사제이지 평신도가 될 수는 없다고 야무지게 꿈까지 꿉니다. 이 모든 것은 인간들이 날조한 말 내지 법칙들입니다.

그러므로 평신도, 사제, 영주들, 주교들, 이른바 영적인 것과 세상적인 것 사이에는 실제로 직무와 일에 관한 차이만 있을 뿐 신분의 차이는 없습니다. 그도 그럴 것이 사제들이나 다른 성직자들 각자가 같은 일을 하는 것이 아닌 것처럼, 마찬가지로 그들 모두가 신분상으로는 사제, 주교, 교황이지만 전혀 같은 일을 하는 것이 아니기 때문입니다. 이는 내가 앞에서 말한 것처럼 로마서(12, 4 이하)와 고린도 첫째(12, 12 이하)에 나오는 사도 바울의 가르침이자 또한 베드로 첫째(2, 9)에 나오는 성 베드로의 가르침과 같습니다. 즉, 우리 모두는 각자가 여러 지체로 나누어져 있으나, 머리이신 예수 그리스도의 한 몸입니다. 그리스도는 두 종류, 요컨대 세상적인 것과 영적인 것을 따로 가지고 계신 것이 아니라, 오직 한 머리와 한 몸을 가지고 계실 뿐입니다.

지금 사제, 주교, 교황처럼 영적이라고 불리는 사람들은 일과 직무로써 하느님의 말씀과 성사Sakrament를 지켜야 한다는 것 이외에는

18_ 독일어로 untilgbarer Charakter, 즉 지울 수 없는 또는 삭제할 수 없는 성격. 한번 사제는 어떤 일이 있어도 사제이다라는 식의 논리.

다른 기독교인들과 차이가 없고, 그들보다 더 고귀한 것도 아닙니다. 이는 세상 정부die weltliche Obrigkeit에 있어서도 마찬가지입니다. 세상정부는 악한 자를 벌하고 선한 자를 보호하기 위하여 칼과 채찍을 손에 듭니다. 구두수선공, 대장장이, 농부는 각자 자신의 일과 직무를 가지고 있지만, 그럼에도 그들 모두가 서품을 받은 사제와 주교와 같습니다. 그리고 그들은 각자가 일이나 직무를 통하여 다른 사람들에게 쓸모 있고 도움이 되도록 해야만 합니다. 그럼으로써 몸의 모든 지체들이 서로 서로 섬기는 것처럼 세상의 온갖 일들은 공동체를 지향하고 육체와 영혼의 안정을 도모해야 합니다.

자 보십시오! 세상정부가 성직자를 제압하지 못하며, 그들을 벌해서도 안 된다는 주장과 언사가 얼마나 기독교적입니까! 이는 눈이 큰 고통을 당할 때에 손은 어떤 도움도 주어서는 안 된다는 억지 논조와 같습니다. 한 지체가 다른 지체를 돕지 않고 또 다른 지체의 파멸을 막아서는 안 된다는 것은 너무나 부자연스럽고 비기독교적인 논리가 아닙니까? 정말이지 지체를 귀하게 여기면 여길수록, 더욱 더 다른 지체를 돕지 않으면 안 되는 것입니다.

그러므로 저는 이렇게 말하는 바입니다. 세상 권력die weltliche Gewalt은 악한 자들을 징벌하고 경건한 사람들을 보호하도록 하느님께서 지정해 주신 것이므로, 해당자가 교황이든 주교들이든 사제들, 수도사, 수녀들, 그 밖에 누구든 그 신분에 관계없이 기독교의 전 몸통을 통하여 아무 방해를 받지 않고 자유롭게 적용될 수 있어야만 합니다. 세상권력이 기독교의 여러 직무들 가운데 설교자나 고해신부, 성직자의 신분보다 못하다는 것 때문에 세상권력을 방해할 수 있다는 논리가 성립된다면, 재단사와 구두수선공, 석공, 목수, 요리사, 급사장, 농부 및 세상의 온갖 수공업자들은 교황, 주교들, 사제들, 수도사들에게 구두와 의복, 집과 음식물을 만들어 주거나 그들에게 세를 바치는 일도 못하게 해야 할 것이기 때문입니다. 그러나 만일 이런 평신도들이 자신의 일을 방해 없이 자유롭게 실행할 수 있게 된다면, 도대체 무슨 이유로 로마의 서기들Schreiber은 세상권력의 영향권에서 면제받도록 법률을 제정했을까요? 그것은 바로 그들이 멋대로 악을 행하고 또한 성 베드로가 다음과 같이 말한 것을 성취하기 위해서입니다. "여러분 가운데 거짓 선생들이 생겨나 거짓과 날조의 말을 퍼뜨려 여러분을 착취할 것입니다."[19)]

그러므로 기독교계에서의 세상권력은 그 관련자가 교황이든 주교이든 사제이든 상관없이 방해를 받지 않고 자유로이 직무를 행사해야만 합니다. 죄를 지은 자는 벌을 받아야만 합니다. 교회법이 이에 반해 말한 것은 순전히 날조된 로마파의 새빨간 거짓말에 불과합니다. 왜냐하면 사도 바울은 모든 기독교인들에게 다음과 같이 말했기 때문입니다. "모든 영혼은 (교황의 영혼 역시 이에 해당한다고 나는 생각합니다) 세상정부Obrigkeit에 복종해야 합니다. 왜냐하면 기존하는 공권은 칼을 헛되이 지니는 것이 아니며, 하느님의 명을 받아 그것으로 악을 행하는 자들을 벌하고 경건한 자들을 칭찬하기 때문입니

19_ 베드로 둘째(2, 1, 3). Es werden falsche Meister unter euch erstehen und mit falschen, erdichteten Worten mit euch umgehen, euch im Sack zu verkaufen.

다."[20] 성 베드로 역시 "여러분은 뜻이 그러한 하느님을 위하여 인간의 모든 법에 복종하십시오"라고 말합니다. 베드로는 세상 권력을 무시하려는 사람들이 나타날 것이라고 예언했는데〔베드로 둘째(2, 10)〕, 이런 일을 행한 것은 바로 교회법이었습니다.

그러므로 나는 이 첫 번째 종이장벽Papiermauer이 무너졌다고 생각합니다. 왜냐하면 세상권력이 기독교라는 몸의 한 지체가 되었고, 또 그것이 육적肉的인 일을 가지고 있으면서도 영적靈的인 신분에 속하기 때문입니다. 따라서 그 일은 방해받지 않고 자유롭게 전신全身의 모든 지체에 효과를 보여야 합니다. 교황이든 주교이든 사제들이든 고려치 말고, 벌을 받아 마땅하거나 필요할 때에는 처벌하고 죄과를 물어야 합니다. 반면에 그들이 원하는 대로 위협하거나 파문하게 하십시오. 그리하여 그들이 세상 법das weltliche Recht에 굴복한다면, 죄를 지은 사제들은 우선 사제로서의 품위를 빼앗기게 될 것입니다. 만일 세상의 칼이 먼저 신적 질서에 근거하여 저런 사제들의 권위를 제압하지 못한다면, 그것은 정당한 일이 아닐 것입니다.

더구나 교회법에 있어서 성직자들의 자유와 생명, 재산에 대해서는 너무 높게 관심을 두는 반면, 마치 평신도는 그들만큼 영적이고 선한 기독교인이 아니거나 또는 교회에 속하지 않는 것처럼 대접받는 것은 지나친 일이 아닐 수 없습니다. 우리는 같은 기독교인으로서 같은 세례와 믿음, 성령과 그 밖에 모든 것을 지니고 있음에도

20_ 로마서(13, 1 이하).

불구하고, 무엇 때문에 당신들의 몸과 생명, 재산과 명예는 그렇게 자유롭고, 나의 것은 그렇지 못하단 말입니까? 어떤 사제가 살해당하면 해당 지방엔 **성사금지령**Interdikt[21]이 떨어지는데, 농민이 살해를 당하면 왜 그렇게 하지 않습니까? 같은 기독교인들을 이렇게 크게 차별하는 것은 어떤 근거에서 나온 것입니까? 단지 인간의 법과 조작으로부터 나온 것에 불과합니다.

이렇게 예외를 만들고, 죄를 사면하거나 묻지 않았던 것은 결코 선한 정신에서 비롯된 것이 아닙니다. 실로 우리는 그리스도와 그의 사도들이 명하는 것처럼 악령과 그의 일, 그의 말에 대항하여 싸우고 그를 몰아내야 할 책무가 있음에도 불구하고, 교황이나 그의 추종자들이 악마처럼 말과 일을 꾸미고 있을 때 어찌 조용히 참고 침묵해야만 한단 말입니까? 우리는 세례를 받을 때 몸과 생명을 다 바쳐 지지하기로 맹세한 하느님의 명령Göttliches Gebot과 진리를 인간으로 인하여 폐기해야만 합니까? 그렇다면 참으로 우리는 이로 말미암아 버림받고 방황하게 될 모든 영혼들에게 죄를 지은 셈입니다.

따라서 교회법에 기록되어 있듯이 "설령 교황이 큰 무리의 영혼들을 악마에게 넘겨줄 만큼 사악하기 그지없다고 할지라도, 그를 파면시킬 수 없다"고 규정한 것은 틀림없이 악마의 우두머리 자신이었습니다. 그들은 로마에서 이 가증스럽고 사악한 근거에 따라 모든 체계를 세우고, 우리가 그들의 비열한 짓거리에 대항하느니 차라리

21_ 교황이나 주교에 의한 성사聖事의 금지령.

악마에게 온 세상을 넘겨주는 게 낫다고 생각합니다. 만일 누군가가 다른 사람보다 우위에 있다는 사실로 인해 그가 벌을 면할 충분한 이유가 된다면, 기독교인은 그 누구도 다른 사람들을 벌할 수 없을 것입니다. 왜냐하면 그리스도께서는 누구나 자신을 가장 낮고 가장 작은 자로 간주해야 한다[22]고 명하시기 때문입니다.

죄가 있는 곳에서 벌로부터 도피할 길은 없습니다. 이는 우리 모두가 실로 동등하지만 죄로 인해 사람 사이에 차별이 생겨난다는 성 그레고리우스[23]의 말씀과 상통합니다. 이제 우리는 그들이 기독교계를 어떻게 다루고 있는지 알고 있습니다. 그들은 성서의 증거도 없이 자기월권自己越權으로 기독교에서 자유를 빼앗아 버렸습니다. 그럼에도 하느님과 사도들은 그들을 세상의 칼에 복종하게 만드실 것입니다. 그들의 행위는 적그리스도Antichrist[24]의 장난이 아니면 적그리스도 출현의 직접적인 서막이라는 점에서 심히 우려가 됩니다.

둘째 장벽은 훨씬 더 근거가 박약하고 무가치합니다. 그들은 평생 성서에서 배운 것이 없음에도 불구하고, 성서의 대가Meister der Schrift가 되려고만 하면서 뻔뻔스럽게 성서에 있어서 유일한 권위자임을 자처합니다. 게다가 그들은 교황이 사악하든 경건하든 불문하

22_ 마태(18, 4), 루가(9, 48) 참조.

23_ 6세기의 복잡한 정치상황 속에서 왕과 정치논쟁에 자주 참여했으며, 어린이들과 여행을 좋아했다고 한다. 〈교부들의 생애〉, 시편에 관한 주석 등을 남겼다.

24_ 그리스도에 대적할 뿐만 아니라 그리스도의 자리에 있으려는 자. 그리스도를 대신하려는 자.

고 신앙에 있어서 오류를 범할 수 없다고 파렴치한 말로 우리를 기만합니다. 하지만 그들은 그에 대해 한마디도 증명하지 못합니다. 그리하여 수많은 이단적이고 비기독교적이며, 실로 부자연스러운 규정들이 교회법에 들어오게 됩니다만, 이에 대해서는 지금 말해 봐야 소용없습니다. 왜냐하면 그들은 자신들이 아무리 무지하고 사악할지라도 성령der Heilige Geist이 자신들을 떠나지 않는다고 여기기에 무엇이든 대담하게 법조항에 첨가할 것이기 때문입니다. 그런데 만일 정말 그렇다면, 성서는 무엇에 필요하고 유용하겠습니까? 우리는 차라리 성서를 불태워 버리고, 성령이 깃들었다는 로마의 무식한 양반들로 만족합시다. 물론 성령은 경건한 마음에만 찾아드는 법입니다. 만일 내가 직접 그것을 읽지 않았더라면, 악마가 로마를 위해 이런 졸렬한 것들을 빙자하여 도당徒黨을 얻을 수도 있다는 것을 믿을 수 없었을 것입니다.

그러나 말로만 반론을 제기하지 않도록 성서를 인용하고자 합니다. 성 바울은 고린도 첫째(14, 30)에서 다음과 같이 말합니다. "어떤 사람이 앉아서 다른 사람으로부터 하느님의 말씀을 듣고 있다고 할지라도, 그에게서 어떤 좋은 것이 나타나면 이야기하고 있는 처음 사람은 침묵을 지키고 양보해야 합니다." 만일 우리가 말하는 사람이나 상좌에 있는 사람만을 믿는다면 이 계명이 무슨 소용이겠습니까? 그리스도께서도 모든 기독교인들은 모두 하느님의 가르침을 받아야만 한다고 요한복음(6, 45)에서 말씀하십니다. 따라서 교황과 그의 추종자들도 사악하고 올바른 기독교인이 아닐 수 있습니다. 그들도 하느님의 가르침을 받지 않고 올바른 이해 또한 갖지 못할 수 있으며, 반면에 보통 사람이라도 올바른 이해를 가질 수 있는 것입니다. 그렇다면 우리는 왜 교황을 따라서는 안 되는 걸까요? 교황도 여러 번 잘못을 저지르지 않았습니까? 만일 우리가 성서를 제 것으로 하고 있는 사람을 믿지 않고 교황을 믿는다면, 교황이 오류에 빠질 경우 과연 기독교계를 누가 돕고자 하겠습니까?

그러므로 성서를 해석하거나 그 해석의 확인이 오로지 교황에게만 속한다고 하는 것은 파렴치하게 날조된 이야기이며, 그들은 이에 대해 한 자도 명쾌하게 증빙하지 못하고 있습니다. 그들은 이 권능 자체를 강탈했습니다. 그들은 그 권능을 열쇠가 베드로에게 주어졌을 때 이미 주어진 것이라고 억지 주장을 내세우지만, 그 열쇠는 베드로에게만 주어진 것이 아니라 전체 기독교인들에게 주어진 것이 너무나 명백합니다. 게다가 열쇠는 교리나 통치와 관련되어 만들어진 것이 아니라, 오로지 죄를 매고 풀기 위해서만 만들어진 것입니다. 그들이 열쇠와 관련하여 달리 해석하고 과장하여 자신들에게 돌리는 것은 순전히 거짓으로 조작된 것입니다. 그러나 그리스도께서 베드로에게 "네 믿음이 꺼지지 않도록 너를 위하여 기도하였다"고 하신 말씀은 교황에게까지 연장하여 적용할 수 없습니다. 왜냐하면 대다수의 교황들은 스스로 고백해야 했듯이 신앙이 없었기 때문입니다. 실로 그리스도께서는 베드로뿐만 아니라 모든 사도들과 기독교인들을 위해 기도하셨습니다. 그리스도는 요한복음 17장(9, 20)에서 이렇게 말씀하십니다. "아버지, 저는 그들을 위해 청합니다. 아버지께서 제게 주신 이들을 위해 청하는 것입니다. 그리고 저는 그들뿐만 아니라 그들의 말로 인해 저를 믿는 이들을 위해서도 청합니다." 이 말씀이야말로 정말 명쾌하지 않습니까?

이에 대해 스스로 조용히 생각해 보십시오. 그들은 우리들 가운데 올바른 신앙, 영Geist, 분별력Verstand, 그리스도의 말씀과 견해를 지닌 경건한 기독교인들이 있다는 것을 고백해야만 합니다. 그럴진대 우리는 무슨 까닭에 경건한 사람들의 말과 분별력을 배척하고 신앙도 영도 없는 교황을 따라야 합니까? 이는 모든 신앙과 그리스도의 교회를 부정하는 것이나 마찬가지입니다! 게다가 "나는 성스러운 그리스도의 교회를 믿습니다"라는 조항이 올바르다면, 오직 교황만이 언제나 올바르다고 말할 수는 분명히 없을 것입니다. 그렇지 않다면 그들은 "로마의 교황을 믿습니다"라고 기도해야만 할 것이며, 따라서 그들은 그리스도의 교회를 완전히 한 인간의 차원으로 끌어내리는 셈입니다. 이런 행위가 자행된다면, 그것은 실로 악마적이고 무서운 오류일 것입니다.

더구나 앞서 언급한 바와 같이 우리 모두는 사제들로서 하나의 신앙과 하나의 복음, 같은 성사聖事를 가지고 있습니다. 그렇다면 어째서 우리는 신앙에 있어서 옳고 그른 것을 시험하고 판단할 권한을 가져서는 안 되는 것입니까? 고린도 첫째(2, 15)에서 "영적인 인간은 모든 것을 판단하지만, 그 자신은 아무에게도 판단을 받지 않는다"라고 한 바울의 말과 고린도 둘째(4, 13)에서 "우리는 모두 신앙의 같은 영을 가지고 있다"는 말은 어디에 남아 있습니까? 어째서 우리는 신앙이 없음에도 무엇이 신앙에 적합하고 부적합한지를 판단하는 교황처럼 그렇게 할 수 없단 말입니까?

우리는 이 모든 말과 다른 많은 금언들을 근거로 용감하고 자유롭게 되어, 바울이 지칭하는 이른바 자유의 영이 교황들의 날조된 말에 위협을 받도록 해서는 안 됩니다. 우리는 난관을 과감하게 뚫고 나아가서 우리의 신앙적인 성서 해석에 따라 교황들이 행하거나 남겨둔 모든 것을 올바르게 교정하고, 교황들로 하여금 성서의 자기 이해가 아니라 더 좋은 이해에 따르도록 압박해야 합니다. 먼 옛날 아브라함은 그의 처 사라의 말을 듣지 않으면 안 되었습니다.[25] 당시에 사라는 오늘날 이 지상의 그 누구보다 더 철저하게 남편에게 순종했는데 말입니다. 발람의 나귀 역시 예언자 자신보다 더 영리했습니다. 만일 하느님께서 이 나귀를 통하여 예언자에게 반대하는 말씀을 하셨다면, 왜 오늘날이라고 어느 경건한 사람을 통하여 교황에게 반대하는 말씀을 하실 수 없겠습니까? 이와 같이 성 바울도 성 베드로를 잘못했다고 책망합니다(갈라디아(2, 11) 이하). 그러므로 신앙을 받아들여 그것을 이해하고 변호하거나 모든 오류를 질책하는 것은 기독교인의 의무입니다.

세 번째 장벽은 처음 두 장벽이 무너질 때에 저절로 무너집니다. 왜냐하면 교황이 성서에 위배되는 행위를 한다면, 마태복음 18

25_ 창세기(21, 12).

장의 그리스도 말씀대로 우리는 성서의 편에 서서 그를 책망하고 억제하는 것이 의무이기 때문입니다. 그리스도의 말씀은 이러합니다. "만일 당신의 형제가 당신에게 죄를 짓거든 가서 당신과 그만이 마주하여 그에게 말하십시오. 만일 그가 당신 말을 듣지 않으면 한두 사람 더 데리고 가십시오. 그들의 말도 듣지 않으면 회중에 말하십시오. 그래도 듣지 않으면 그를 이방인으로 여기십시오"(마태 (18, 15) 이하). 여기에서 각각의 지체는 다른 지체를 염려하라는 명을 받고 있습니다. 따라서 회중을 지도하는 지체가 악을 행하고, 또 그의 악한 행위를 통하여 다른 지체에게 손상과 분노를 일으킨다면, 우리는 더욱 더 이렇게 해야 하지 않겠습니까? 그러나 만일 내가 회중 앞에서 그를 고소하려면, 나는 회중을 집결시켜야 할 것입니다.

공의회를 소집하거나 비준하는 것이 오로지 교황만의 권한이라는 그들의 주장은 성서에 따르면 아무 근거도 없습니다. 그들 자신만의 법규는 기독교에 해를 끼치지 않거나 하느님의 율법에 해악이 되지 않는 한에서만 유효합니다. 이제 교황이 죄업罪業이 있을 때에는 그들의 법규도 무효입니다. 이유인즉 공의회를 통하여 교황을 벌하지 않는 것이 기독교에 해가 되기 때문입니다.

사도행전(15, 6)을 읽어보면 사도회의der Apostel Konzilium를 소집한 것은 성 베드로가 아니라 사도들과 원로들이었습니다. 만일 소집 권한이 사도 베드로에게만 있었다면, 그것은 기독교적인 회의가 아니라 이단적인 모임이었을 것입니다. 가장 유명한 니케아공의회

Konzilium Nizäum26)조차도 로마의 주교가 아니라 콘스탄티누스 황제가 소집하고 비준하였으며, 그의 이후에도 다른 많은 황제들 역시 동일한 방식을 따랐지만, 이 공의회들은 가장 기독교적인 것이었습니다. 그러나 만일 교황만이 공의회를 소집할 권한이 있다면, 이 공의회들은 전부 이단임에 틀림없을 것입니다. 또한 교황이 만들어낸 공의회들을 주목해 볼 때, 나는 거기서 뭔가 특별하고 제대로 되는 일을 전혀 찾을 수 없습니다.

그러므로 필요성이 요구되고 교황이 기독교에 유해할 때에는, 맨 처음 할 수 있는 사람이 온몸의 한 성실한 지체로서 올바르고 자유로운 공의회가 되도록 소집 권한을 행사해야만 합니다. 세상의 칼das weltliche Schwert을 잡은 사람들처럼 이 일을 잘해낼 수 있는 사람은 없습니다. 특히 그런 까닭은 이제 그들도 동료 기독교인들이자 동료 사제들이고, 영적으로 함께 하면서 만물 속에서 함께 능력을 행하는 사람들이이며, 또한 그들은 필요하고 효율성이 요구될 때면 언제나 하느님으로부터 부여받은 직무와 일을 그 누구에게나 자유롭게 행사할 수 있어야 하기 때문입니다. 어느 도시에서 화재가 발생했다고 가정해 봅시다. 이때 사람들이 시장의 권한이 없다는 이유로 또는 그 화재가 시장의 집에서 일어났기 때문에, 모든 사람이 불구경만 하면서 다 타버리게 한다면, 이는 정말 어처구니없는 일이 아니겠습

26_ 325년 소아시아의 니케아Nicaea에서 콘스탄티누스 황제가 소집한 최초의 종교회의. 예수의 신성神聖 문제를 둘러싼 논쟁 때문에 교회가 분열될 것을 염려하여 개최되었다.

니까? 이럴 경우 시민이라면 누구나 다른 사람들을 불러 모아 행동하는 것이 의무가 아니겠습니까? 그렇습니다, 교황의 통치지역이든 다른 어디에서든 재난의 불길이 일어난다면, 그리스도의 영적 도시에서는 더욱 더 그렇게 해야 합니다. 이와 마찬가지로 만일 적이 어떤 도시를 습격했다면, 먼저 큰 소리로 외쳐 다른 사람들을 깨운 사람은 명예와 감사를 받아 마땅할 것입니다. 그런데 대체 무슨 까닭에 지옥의 적들을 정탐하여 기독교인들을 깨우고 불러 모은 사람이 명예를 얻을 자격이 없단 말입니까?

그러나 그들이 권세를 자랑하며 이에 대한 저항을 허용치 않는 행위도 전혀 쓸모없습니다. 기독교 내에서 손상을 입히거나 또는 손상에 대한 저항을 금지할 권세를 지닌 사람은 아무도 없습니다. 교회에는 개선을 위한 권세 이외에는 아무것도 없습니다. 그러므로 만일 교황이 자유로운 공의회의 창설을 저지하기 위하여 권세를 이용하고, 그것이 교회의 개선에 방해가 된다면, 우리는 교황과 그의 권세를 수수방관해서는 안 됩니다. 그리고 만일 교황이 파문하고 협박하려 한다면, 우리는 그의 행위를 광인狂人의 작태로 경멸하는 한편, 하느님에게 의지하여 반대로 그를 파문하거나 가능한 한 추방해야 합니다. 왜냐하면 이런 교황의 주제넘은 권세는 아무것도 아니며, 그는 이런 권위를 가질 자격이 없기 때문입니다. 그것은 성서의 말씀과 기록에 의하여 곧 사라집니다. 그도 그럴 것이 사도 바울은 고린도의 기독교인들에게 "하느님께서는 우리에게 파멸할 권세를 주신 것이 아니라 개선하기 위한 권세를 주셨습니다"〔고린도 둘째(10, 8)〕

라고 말하고 있기 때문입니다. 누가 이 말씀을 뛰어넘고자 하는 것입니까? 기독교의 개선에 헌신하는 것을 막는 것은 악마와 적그리스도Antichrist의 권세입니다. 그러므로 이런 권세에는 결코 따라서는 안되며, 몸과 재산과 모든 것을 다 바쳐 대항해야만 합니다.

그들 스스로가 자랑하듯이 설령 몇 번의 기적이 세상권력에 반해 교황에게 유리하게 일어나거나 또는 어떤 사람이 불운하게 재앙을 당한다고 할지라도, 그런 따위는 하느님에 대한 우리의 신앙이 부족하여 발생하는 악마의 행위로만 보아야만 합니다. 그리스도는 마태복음에서 이와 같은 것을 이미 예언하셨습니다. "나의 이름으로 거짓 기독교도들과 거짓 예언자들이 와서 할 수만 있다면 선택된 자들까지 그릇 인도하려고 표징과 기적을 행할 것입니다."〔마태(24, 24)〕 그리고 바울은 데살로니가 둘째(2, 9 이하)에서 적그리스도가 사탄의 권세를 통하여 거짓된 기적으로 강력하게 될 것이라고 말한 바 있습니다.

그러므로 기독교의 권위는 그리스도를 거슬러 아무것도 할 수 없다는 것을 우리는 확고히 하도록 합시다. 성 바울도 "우리는 진리를 거슬러 아무것도 할 수 없고 오직 진리를 위해서만 무엇인가를 할 수 있습니다"라고 말하고 있습니다. 반면에 그리스도를 거슬러 뭔가를 행하는 것은 적그리스도와 악마의 권세입니다. 설령 그것이 기적과 재앙을 하늘에서 마구 쏟아부을지라도 그러합니다. 기적과 재앙은 특히 이 마지막 사악한 시대에는 아무것도 증명해 주지 않습니다. 이에 대해서는 모든 성서가 거짓 기적들을 예언하고 있습니다. 그러므로 우리는 확고한 신앙으로 하느님의 말씀에 고착해야 하며, 그러면 악마는 기적을 그만두게 될 것입니다.

이제 나는 잘못된 가공架空의 공포가 가라앉기를 희망합니다. 로마파들은 오랫동안이나 이런 공포를 자아내어 우리의 양심을 약하게 하고 둔화시켰습니다. 그들도 우리 모두와 마찬가지로 세상의 칼 아래 굴복해 왔으며, 따라서 숙련Kunst 없이 권위Gewalt만으로 성서를 해석할 힘은 없습니다. 또한 그들은 공의회를 저지하거나 제멋대로 제한하고 속박하여 공의회의 자유를 빼앗을 권리도 없습니다. 정말 이렇게 한다면, 그들은 실로 적그리스도와 악마의 단체이며, 그리스도에 대해서는 유명무실한 자들에 불과합니다.

자, 이제는 공의회에서 공정하게 다루어져야 할 논제들을 살펴보기로 합시다. 이는 교황들과 추기경들, 모든 학자들이 그리스도와 그의 교회를 사랑한다면 밤낮으로 고심해야 할 것들입니다. 그러나 그들이 이 일을 하지 않는다면, 파문과 위협에 개의치 말고 군중과 세상의 칼을 쥔 사람들에게 이 일을 행하도록 하십시오. 이 사람들에게는 한 번의 부정한 파문이 열 번의 올바른 사면보다 나으며, 한 번의 부정한 사면은 열 번의 올바른 파문보다 나쁜 법입니다. 그러므로 사랑하는 독일인들이여, 우리는 새롭게 각성하여 사람들보다는 하느님을 더 두려워합시다. 로마파들의 가혹하고 악랄한 통치로 말미암아 너무나 비참하게 잃어버린 그 모든 가련한 영혼들의 대열에 연루되지 말도록 합시다. 이런 악랄한 통치가 정말 더욱 심화된다면, 악마는 날마다 기세를 더해 갈 것입니다. 나는 이런 일을 이해할 수도, 믿을 수도 없습니다.

첫째, 그리스도의 대리인이자 베드로의 후계자라고 자화자찬하는 기독교의 수좌der Oberste가 어느 제왕이나 황제도 얻거나 누릴 수 없을 정도로 세속적으로 화려한 생활을 한다는 것은 정말 두렵고도 놀라운 사태가 아닐 수 없습니다. 그것도 '가장 성스럽고' '가장 영적'이라고 불리는 자에게 세상 그 자체보다 더 세속적인 성향이 내재해 있다니 놀라울 따름입니다. 지상 최고의 위대한 제왕들조차 하나의 왕관만을 쓰고 있는데, 교황은 삼중의 왕관을 쓰고 있습니다. 이를 가난한 그리스도와 가난한 베드로와 비교해 본다면, 하나의 새로운 유형이 나타난 것입니다. 그것이 싫어서 거슬리는 말이라도 하면, 그들은 이단이라고 부르짖습니다. 그러나 보다 실제적인 이유는 이런 성향이 얼마나 비기독교적이고 불경한 것인가를 그들이 듣고 싶어 하지 않기 때문입니다. 그럼에도 만일 교황이 눈물을 흘리며 하느님께 기도를 드리려면, 이런 왕관들을 영구히 벗어버려야 한다고 생각합니다. 이유인즉 우리의 하느님께서는 오만불손을 용납하지 않기 때문입니다. 이제 교황의 직무는 바로 기독교를 위하여 날마다 울고 기도하면서 온갖 겸손의 모범을 보이는 일입니다.

아무튼 교황의 사치스런 행위는 악에 해당합니다. 교황은 자신의 영적 구원을 위하여 그런 허식을 버려야 할 의무가 있습니다. 이유인즉 성 바울은 "갖가지 형태의 악을 멀리 하십시오"라고 말하고 있으며, 또 로마서(12, 17)에서는 "우리는 하느님 앞에서뿐만 아니라 모든 사람들 앞에서 좋은 일을 하려고 애써야 합니다"라고 말하고 있기 때문입니다. 교황도 일반 주교의 관으로 족할 일입니다. — 숙련Kunst과 거룩함이 있어야 교황도 다른 사람보다 더 위대해질 수 있습니다.

교황은 수백 년 전에 그의 선행자들이 행했던 것처럼 오만불손의 왕관을 적그리스도에게 내놓아야 합니다. 그들은 교황이 이 세상의 주Herr라고 말합니다만, 그것은 거짓말입니다. 왜냐하면 교황 자신이 그리스도의 대리인이요 주무관主務官이라고 자랑합니다만, 정작 그리스도는 빌라도 앞에서 "내 왕국은 이 세상의 것이 아니요"라고 말씀하셨기 때문입니다. 어떤 대리인도 주인을 넘어서서 통치할 수는 없는 법입니다. 더욱이 교황은 높혀진 존재인[27] 그리스도의 대리인이 아니라, 십자가에 달리신 그리스도의 대리인입니다. 이에 대해 바울은 말하기를 "나는 여러분 가운데 있으면서 바로 십자가에 달리신 그리스도 외에는 아무것도 알고자 하지 않았습니다"〔고린도 첫째(2, 2)〕라고 했으며, "여러분은 그리스도의 품안에서 보듯이 그렇게 서로 생각을 품으십시오, 그분은 자신을 비우시고 종從의 모습을 취하셨습니다"〔필립(2, 5) 이하〕라고 했습니다. 나아가 "우리는 십자가에 달리신 그리스도를 선포합니다"〔고린도 첫째(1, 23)〕라고 하였습니다. 지금 로마파들은 교황을 하늘에서 높여진 그리스도의 대리자로 만들었으며, 그들 가운데 몇몇 사람은 악마로 하여금 자신들을 지배

27_ 독일어는 erhöht인데, 여기서는 '십자가에 달린gekrreuzigt'과 대비되는 의미로 사용되었다.

하게 하여 교황이 하늘의 천사보다 위에 있고 또 그들에게 명령할 권한을 가진다고 주장하였습니다. 바로 이것이야말로 진짜 적그리스도 본연의 작품인 것입니다.

두 번째로 과연 추기경이라고 불리는 사람들은 기독교에서 무슨 소용이 있습니까? 나는 이에 대해 말하고자 합니다. 벨쉬Welsch[28] 지역과 독일은 부유한 수도원들, 교회시설들, 영지들과 교구들을 많이 소유하고 있습니다. 이 모든 것을 로마로 가져가기 위한 최선의 방법은 추기경을 만들어 그들에게 주교구와 수도원, 고위성직자 관할구역prälaturen을 소유하게 함으로써 하느님의 예배를 땅에 떨어뜨리는 것입니다. 이 때문에 벨쉬 지역은 지금 황무지가 되었음을 우리는 잘 알고 있습니다. 수도원들은 파괴되고 주교구들은 소실되었습니다. 고위성직자 관할구역과 모든 교회의 조세는 로마로 향하고, 도시들은 쇠퇴하였으며, 나라와 국민은 피폐해졌습니다. 그곳에는 이제 예배도 없고 설교도 없습니다. 무엇 때문입니까? 추기경들이 재산을 소유해야 하기 때문입니다. 아마 터키 사람조차도 이렇게 벨쉬 지역을 망쳐놓고 하느님의 예배를 짓밟지는 않았을 것입니다.

이제 벨쉬 지역이 아무것도 나오지 않을 만큼 황폐화되자 추기경들은 독일로 와서 아주 조심스럽게 일을 시작하고 있습니다. 그러나 우리는 조금도 한눈을 팔지 말아야 합니다. 그렇지 않으면 독일

28_ 일반적으로 이탈리아어 및 프랑스어가 쓰이는 남유럽. 여기서는 주로 이탈리아 지역이지만, 이탈리아보다는 좀 더 광의의 의미로 보는 것이 좋을 것 같아서 벨쉬로 옮겼다.

도 곧 벨쉬 지역처럼 될 것입니다. 이미 독일에도 몇 사람의 추기경들이 와 있습니다. 술에 취한 독일인들은 주교구나 수도원, 교구, 영지, 심지어는 동전 한 닢도 남지 않을 때까지 로마파들이 그것으로 무엇을 구하는지 이해하지 못할 것입니다. 이미 예언되어 있는 것처럼 적그리스도는 지상의 온갖 보물들을 틀림없이 취할 것입니다. 그리하여 그들은 주교구들과 수도원들, 영지들 중 가장 좋은 자리만 골라내어 차지하고 있습니다. 더구나 그들은 벨쉬 사람들에게 행했던 것처럼 이 모든 짓을 조금도 그만둘 생각이 없습니다. 그렇기에 그들은 10명 내지 20명의 고위성직자들을 모으고, 그들 각자에게서 매년 얼마씩 받아서 목돈을 만들려고 교회를 빙자한 얄팍한 속임수를 쓰고 있습니다. 예컨대 뷔르츠부르크 수도원장은 1,000굴덴Gulden을 바치고, 밤베르크 역시 얼마의 돈을 바치며, 마인츠, 트리어 등은 더 많이 바칩니다. 이런 식으로 1,000굴덴 또는 10,000굴덴의 돈을 조달할 수 있기에, 추기경은 로마에서 부유한 제왕처럼 호사를 누릴 수 있는 것입니다.

어리석게도 우리가 이런 것에 길들여진다면, 향후 우리는 하루에도 30명 내지 40명의 추기경을 만들려고 할 것입니다. 그리하여 한 추기경에게 밤베르크의 수도원과 아울러 뷔르츠부르크 주교구, 여기에 몇 곳의 넉넉한 교구를 덧붙여서 교회들과 도시들이 황폐해질 때까지 내주려고 할 것입니다. 그리고는 이렇게 말하게 될지도 모릅니다. "우리는 그리스도의 대리인들이며, 그리스도의 양을 보호하는 목자들이다. 술에 취해 정신 나간 독일인들은 이를 감수해야만 할 것이다."

그러나 나는 추기경의 수를 줄이든지 또는 교황이 자신의 재산으로 그들을 부양하라고 권하는 바입니다. 만일 추기경의 수를 12명으로 해도 너무 많은데, 각자의 1년 수입이 1,000굴덴이나 될 테니 말입니다. 어째서 우리 독일인들은 교황으로부터 우리 재산의 이런 약탈과 착취를 참아야만 하는 지경에 이르렀습니까? 프랑스 왕국은 이를 막았는데, 왜 우리 독일인들은 이렇게 바보 취급을 받고 조롱당하는 것입니까? 한데 그들이 우리의 재산만을 훔치려 한다면 그나마 참을 수도 있을 것입니다. 그러나 그들은 교회를 황폐화시키고, 그리스도의 양들에게서 경건한 목자들을 빼앗아가며, 하느님의 예배와 말씀을 짓밟아버리고 있습니다. 추기경이 전혀 없다고 해도 교회는 쇠퇴하지 않을 것입니다. 왜냐하면 그들은 기독교계를 위하여 하는 일이 아무것도 없기 때문입니다. 그들은 다만 여러 주교구와 관할구역을 놓고 돈거래와 싸움질만 할 따름입니다. 이런 짓은 그야말로 강도라도 할 수 있는 일입니다.

세 번째 문제를 지적하겠습니다. 교황의 궁정 100개 가운데 99개가 없어지고 하나만 남는다 해도 그 궁전은 신앙 문제를 해결하기에 충분할 것입니다. 그러나 지금 로마에는 벌레와 해충의 무리가 들어앉아, 모두가 교황을 찬양하여 바빌론에는 이런 존재가 없었노라고 떠벌입니다. 교황의 서기들만 해도 3,000명 이상입니다. 이루 셀 수 없을 만큼 많은 자들이 서기 노릇을 하는데, 다른 관리자들의 수는 어떻게 세겠습니까? 그런데 그들 모두는 늑대가 양을 노리고 있는 것처럼 독일의 교회시설과 영지를 노리고 있습니다. 현재 독일은 예전에 황제들에게 바치던 것보다 로마의 교황에게 훨씬 더 많은 것을 바치고 있다고 나는 확신합니다. 실제로 몇몇 사람은 매해 30만 굴덴 이상의 돈이 전혀 쓸모없고 무익하게 독일에서 로마로 빠져나간다고 생각합니다. 우리는 그 대가로 조롱과 모욕 이외에는 얻는 것이 전혀 없습니다. 그럼에도 우리는 영주와 귀족, 도시, 시설, 나라와 백성이 궁핍해지는 것을 이상하게 생각합니다. 아마도 우리는 먹을 것이 아직 남아 있는 것을 이상하게 생각해야 할 것입니다.

이제 문제의 정점에 이르렀으니 우리는 잠깐 숨을 고르고 독일인들이 로마의 술책에 대해 알지 못하거나 이해하지 못할 정도로 지극히 아둔한 사람들이 아니라는 것을 보여 줍시다. 나는 이 자리에서 하느님의 명령과 기독교의 율법이 로마에서 멸시당하고 있다고 탄원하는 것이 아닙니다. 기독교, 특히 로마의 사정상 이런 고차적인 문제에 대해 탄원할 시점은 아닌 것입니다. 나는 자연법 내지 세상법, 이성이 전혀 통용되지 않는 것을 탄원하는 것 또한 아닙니다. 이런 것보다는 훨씬 더 심각한 문제입니다. 내가 탄원하는 것은 바로 그들 자신이 가공해낸 교회법을 지키지 않는다는 사실입니다. 그것은 물론 그 자체로 법이라기보다는 오히려 순전한 폭정, 탐욕, 일시적인 허식입니다. 우리는 이 문제를 더 자세히 살펴보기로 합시다.

예전에 독일 황제들과 영주들은 교황이 독일의 모든 영지들에서

성직헌상록聖職獻上祿[29])을 받는 것을 허용하였습니다. 즉 개개의 영지Lehen로부터 첫해 수입의 절반을 거둬들이도록 허용한 것입니다. 그러나 성직헌상록은 본래 교황이 터키인들과 불신자들에 맞서 기독교를 수호하는 데 필요한 재물을 이 거액의 돈으로 모을 수 있도록 허용한 것입니다. 또한 그들과 싸우는 데 귀족만 너무 과중한 책임을 질 것이 아니라, 성직자들도 어느 정도 그것에 도움이 되도록 하기 위하여 시행된 것이었습니다. 교황들은 독일의 이런 선량하고 소박한 기독교적 열의를 이용하여 이제까지 100년 넘게 이런 돈을 받아 왔으며, 이제는 이를 바탕으로 책임을 지우는 의무적인 조세와 부과금을 만들어냈습니다. 하지만 그들은 이 돈을 축적하지 않았을 뿐만 아니라, 로마에 많은 직책과 직무를 만들어 그 돈이 마치 영대세永代稅[30])라도 되는 양 그것으로 그들에게 매해 봉급을 주었습니다.

교황들은 터키인들과 싸우려고 한다는 구실로 사절들을 파견하여 돈을 거둬들입니다. 때로는 터키인들과 싸운다는 명분을 내세워 면죄부도 발급합니다. 왜냐하면 그들은 어리석은 독일인들이 끊임없이 바보 중의 바보로 머물면서 그들에게 쉴 새 없이 돈을 주어, 어마어마한 욕심을 족히 채워줄 수 있다고 생각하기 때문입니다. 하지만 우리는 성직헌상록이나 면죄부 수입금, 다른 모든 돈들이 터키인들을 막는 데는 한 푼도 사용되지 않고 모조리 밑 빠진 자루 속으로

29_ 성직자들이 성직을 받은 첫해 수입의 절반을 교황청에 헌상하는 일종의 세금. 공석인 경우에는 교황청이 1년이 아니라 고정적으로 수입의 절반을 가져갔다. 독일어로는 Annaten.

30_ 독일어로는 Erbzins. 공석의 경우 고정적으로 내는 세.

들어간다는 것을 분명하게 확인하고 있습니다. 교황들은 거짓말을 밥 먹듯 하면서, 조금도 지킬 생각이 없는 협약을 만들어냅니다. 그럼에도 이 모든 것을 그리스도와 베드로의 이름으로 실행에 옮겼습니다.

이제 독일과 주교들, 영주들도 스스로 기독교도임을 생각하여 육체적이고 영적인 소유물과 관련하여 통치하고 보호하도록 맡겨진 백성들을 양의 옷을 입고 목자와 통치자를 자처하는 약탈적인 늑대들 앞에서 보호해야만 합니다. 그리고 성직헌상록이 너무나 형편없이 남용되고 협정된 대로 지켜지지도 않기 때문에, 주교들과 영주들은 그들의 땅과 백성들이 그처럼 부당하게 착취당하고 파멸되는 것을 허용해서는 안 됩니다. 오히려 그들은 황제 내지 국가의 법령을 통하여 성직헌상록을 국내에 보유하거나 또는 완전히 철폐해야 할 것입니다. 교황의 추종자들은 협약한 것을 지키지 않으므로 성직헌상록을 받을 권리가 없습니다. 그러므로 주교들과 영주들은 법이 요구하는 대로 이런 도둑질과 노략질을 징벌하거나 방지해야 하는 것입니다.

이를 전제로 주교들과 영주들은 교황을 돕고 지원해야 합니다. 교황이 이런 불법을 독자적으로 방지하기에는 너무나 미약할지도 모르기 때문입니다. 그것이 아니라 교황이 이런 일을 지키고 고수하려 한다면, 그들은 늑대나 폭군에게 대항하듯 그에게 저항하고 항거해야만 합니다. 왜냐하면 교황은 악을 행하거나 옹호할 수 있는 권세가 없기 때문입니다. 또한 그가 터키인들을 막기 위해 이런 재물을 축적하고자 한다면, 우리는 차후 독일이라는 국가가 교황보다 그것을 더 잘 보존할 수 있다는 것을 제대로 통찰하고 지각해야 할 것입니다. 독일에는 돈만 있다면 싸울 태세를 갖춘 백성들이 충분히 있기 때문입니다. 이제까지는 로마파의 여러 행위들과 아울러 성직 헌상록의 문제점을 거론해 보았습니다.

다음 문제는 이러합니다. 즉 1년이 교황과 지도자급인 주교들 및 주교구 사이에 분할되어 있기에, 교황은 1년에 격월로 영지를 6개월간 차지하고 자기 달에 해당하는 영지를 대여할 수 있습니다. 그리하여 거의 모든 영지Lehen, 특히 가장 좋은 성직록Pfründen과 고위 성직들Dignitäten[31]은 로마로 옮겨가게 됩니다. 그리고 일단 로마의 수중에 떨어지면, 설령 **'교황의 달'**에 그것들이 더 이상 속하지 않는다 해도, 다시는 로마의 손에서 빠져나오는 법이 없는 것입니다. 따라서 주교구는 유명무실하게 됩니다. 이는 어떤 것도 자기들 수중에서 빠져나가지 못하게 하려는 그야말로 약탈행위입니다. 그러므로 이제는 교황의 달을 완전히 폐지하고, 로마로 가져간 모든 것을 다시 빼앗아올 시기가 무르익었습니다. 왜냐하면 영주들과 귀족들은 도둑맞은 자산을 돌려받고 그 도둑들을 처벌하며, 특권을 남용한 자들에게서 그 특권을 빼앗도록 각성해야만 하기 때문입니다. 교황은 선거 다음 날 그의 교황청 집무실에서 그럴 권리가 없음에도 우리의

31_ 특히 사법권을 소유하는 고위성직을 의미한다.

주교구와 성직록을 강탈할 수 있는 규칙과 법규들을 제정했습니다. 만일 이런 행위가 올바르고 타당하다면, 카를Karl 황제가 대관식 다음 날 독일 전체에 걸쳐 영지와 성직록이 교황의 달에 의해 로마로 가지 못하게 하고, 또 이미 그들의 수중에 들어간 것을 다시 풀어주고 로마의 강도들로부터 구출하도록 규칙과 법규를 반포하는 행위는 그보다 오히려 훨씬 타당합니다. 황제는 그의 칼의 직무에 근거하여 이런 권리를 가지고 있습니다.

이제 로마의 탐욕자와 강탈자들은 모든 영지가 교황의 달을 통해 하나씩 차례대로 들어올 때를 기다리지 못하고, 단번에 배를 가득 채우려는 욕심에 따라 모든 영지들을 단기간에 탈취하려고 서두르고 있습니다. 따라서 성직헌상록과 교황의 달 이외에도 영지와 성직록을 다음 세 가지 방식에 따라 로마에서 보유할 수 있도록 책략을 꾸몄습니다.

첫째로, 자유로운 성직록을 소유한 사람이 로마에서 사망하거나 로마로 오는 도중에 사망하면, 그의 성직록은 영원히 로마 교황청, 아니 정확히 말해 약탈하는 교황청에 속하게 됩니다. 그들은 그 누구도 일찍이 들어보거나 읽어보지도 못한 강도질을 행하면서도 강도들이라고 불리기를 원치 않습니다.

둘째로, 교황이나 추기경들의 시종Gesinde[32]에 속한 어떤 사람이 성직록Pfründe을 갖거나 물려받으면, 또는 이미 성직록을 가지고 있

32_ 교황청에 소속된 사람들.

는 사람이 차후 교황이나 추기경의 시종이 된다면, 이때 문제가 발생합니다. 한데 교황이 말을 타고 산책만 하려고 해도 황제들과 제왕들 못지않게 3,000~4,000명의 노새를 탄 동행자들[33]을 데리고 가는데, 누가 교황과 추기경들의 시종 수를 셀 수 있겠습니까? 그리스도와 성 베드로는 그들의 대리인들이 더 확고하고 훌륭하게 보이도록 걸어 다니셨던 것입니다. 그런데 이제 탐욕스런 교황은 로마에서처럼 다른 곳에도 자신의 시종이라는 이름을 갖게 될 정도로 영리하게 행동함으로써, 어디를 가나 교황의 종이라는 교활한 낱말만으로 영지들을 로마로 가져가고 또 영원히 거기에 꽁꽁 묶어두게 되었습니다. 이 얼마나 추악하고 악마적인 책략입니까! 조심합시다, 자칫하면 마인츠, 마그데부르크, 할버슈타트가 쉽게 로마의 수중으로 들어갈 것이며, 추기경직을 가지려면 아주 비싼 값을 치르게 될 것입니다. 고로 독일의 모든 주교들이 추기경이 되어 그 어떤 것도 배제되는 일이 없도록 합시다.

셋째로, 영지 때문에 로마에서 다툼이 일어났다면, 나는 성직록을 차라리 로마로 가져가는 것이 가장 손쉽고 속 편한 길이 아닌가 생각합니다. 왜냐하면 이곳에 다툼이 없어도 로마에는 모든 다툼을 땅속에서 파내어 마음대로 성직록을 뺏고자 달려드는 무수한 패거리들이 있을 것이기 때문입니다. 이럴 경우 여러 경건한 사제들이 성직록을 상실하거나 또는 많은 돈을 지불함으로써 한동안 그 다툼

33_ 말을 노새Maultier로 표현하여 조롱하고 있음.

을 무마해야 할 것입니다. 정당하든 부당하든 다툼에 휘말려든 그런 영지는 역시 로마 교황청의 영구 자산으로 귀속되지 않을 수 없습니다. 하느님이 그 옛날 소돔과 고모라에서 행하신 것처럼 하늘에서 불과 유황을 내리시어 로마를 지옥에 가라앉게 하신다고 해도 전혀 놀라운 일이 아닐 것입니다. 교황의 권세가 오직 저런 대단히 못된 짓거리에만 악용되고 또 교황이 저런 것을 고수하고 주장한다면, 도대체 기독교에 무엇 때문에 교황이 있어야 하는 것입니까? 아, 고귀한 영주들과 귀족들이여, 여러분은 얼마나 오랫동안 여러분의 땅과 백성을 저런 날강도 같은 늑대들에게 그냥 맡겨두려고 한단 말입니까!

이런 술책도 충분치 못하고, 모든 주교구들을 빼앗는 데에도 너무 오랜 시간이 걸리기 때문에, 나의 경애하는 욕심꾸러기 교황은 외지에서는 주교구들이 명목상으로 있어야 하고 그 토대와 땅은 로마에 있어야 한다는 멋진 생각을 고안해냈습니다. 나아가 주교는 거액의 돈으로 **팔리움**Pallium[34]을 사고 무서운 서약으로 교황의 종Knecht이 되겠다고 약속하지 않고서는 어떤 비준도 받지 못하도록 되어 있습니다. 주교가 교황에게 감히 반항하지 못하는 이유도 바로 이 때문입니다. 교황의 추종자들이 서약의 의미로 시도한 것도 이런 것으로, 가장 부유했던 주교들조차 빚을 지고 파산하고 말았습니다. 마

34_ 교황이 대주교나 주교에게 수여하는 팔리움은 약 5cm 넓이의 하얀 띠이다. 9세기 이후 교황으로부터 이것을 받지 못하면 대주교나 주교는 자신의 관할권을 행사할 수 없었다.

인츠는 2만 굴덴을 낸다고 들었습니다. 생각건대 이런 짓을 행하는 자들이 바로 로마파들인 것입니다! 일찍이 그들은 교회법으로 다음과 같이 결정한 바 있습니다. 즉, 팔리움은 무료로 수여하고, 교황의 시종은 수를 줄일 것이며, 분쟁을 완화하고, 주교구와 주교들에게 자유를 허락한다는 내용이었습니다. 그러나 이로 인해 돈이 모일 기색이 보이지 않자, 그들은 생각을 완전히 바꾸어 주교들과 주교구로부터 모든 권위를 빼앗았습니다. 피해자들은 직무나 힘, 일도 없이 무위도식하게 되었습니다. 로마의 악당들이 모든 것을 지배하고 있으며, 그들은 모든 교회에서 집사와 종지기의 직책까지 가져갈 것입니다. 모든 다툼은 로마로 옮겨가고, 모든 사람은 교황이 원하는 대로 그의 권력에 의해 행동하게 될 것입니다.

바로 금년에는 무슨 일이 일어났습니까? 슈트라스부르크의 주교는 그의 교구를 원칙대로 관리하고 예배를 개혁하려고 하였습니다. 그는 이를 위해 몇 가지의 신성하고 기독교적인 조항들을 만들었습니다. 그러나 나의 경애하는 교황과 로마 교황청은 사제단의 요구에 향응響應하여 이 신성하고 영적인 규정을 팽개치고 철폐해버렸습니다. 이것이 그리스도의 양들을 보살피는 일이라는 것입니다. 심지어 어떤 자는 주교에 반反하여 사제단을 강화하고 성스러운 법률로 사제단의 불순종을 보호해야 한다고까지 주장합니다! 적그리스도가 하느님께 감히 이런 공공연한 비방을 기도하지 않기를 바라마지 않습니다. 이제 그대들은 그대들이 원하는 대로 교황을 갖게 되었습니다. 그런데 무엇 때문입니까? 그대들이여, 만일 어느 한 교회가 개혁된다면 이는 위험의 신호탄이 될 것이며, 그렇게 되면 로마도 위험에 처할지 모릅니다. 그럴 바에는 차라리 사제와 사제가 화합하지 못하게 하고, 이제까지 해 온 대로 제왕들과 영주들이 서로 싸우게 하여 세계가 기독교인의 피로 가득 차도록 하는 것이 나을 것입니다. 그래야만 로마 교황청이 기독교인의 단결에 따라 철저히 개혁되는 일이 없을 테니 말입니다.

이제까지 우리는 만기가 되어 비어 있는 성직록들Pfründen을 그들이 어떻게 취급하는가를 알아보았습니다. 그러나 욕심이 가득한 신사에게 공석으로 비어 있는 곳이 너무 적었나 봅니다. 이제 그는 이미 관리자가 존재하는 영지들을 향해 관심을 표명합니다. 그리하여 성직록은 비어 있지 않아도 비어 있는 것이나 마찬가지가 되어 버립니다. 그가 취하는 방법은 다음과 같이 여러 가지입니다.

첫째로, 이 탐욕스런 인간은 많은 봉급이 나가는 곳, 아니면 연로하거나 아프거나 무능한 자들이 차지하고 있는 주교구 소재지를 노립니다. 이들 재직자에게는 교황청이 재직자 자신의 의지나 동의 없이 조수 역할을 하는 **보좌주교**Koadjutor를 보냅니다. 보좌주교는 교황의 심복이거나 그 직책을 돈으로 사는 경우, 아니면 로마를 위해 부역한 대가로 그 직책을 얻기 때문에 그만을 위해 만들어진 자리입니다. 이때 성직록을 내주어야 하는 사람의 자유선택은 성직자회의나 교회법을 통하여 중지되며, 따라서 모든 것은 로마로 가게 되어 있습니다.

둘째로, **위임**Kommende[35]이라는 말이 있습니다. 이를테면 교황은 추기경이나 다른 자신의 직속에게 부유하고 넉넉한 수도원이나 교회를 보유하도록 위임합니다. 이는 마치 내가 당신에게 그냥 100굴덴을 보유하도록 주는 것과 같습니다. 이는 수도원을 주거나 임대하는 것이 아니고, 하느님의 예배를 방해하거나 폐지하는 것도 아니며, 다만 보유하도록 주는 것입니다. 그러므로 위임받은 자의 임무는 그것을 유지하거나 세우려는 것이 아니라, 기존의 재직자를 몰아내거나 재물과 세입을 수령하고, 모종의 배신한 사이비 성직자를 앉히는 것입니다. 이런 사이비 성직자는 1년에 5, 6굴덴을 받고 하루종일 교회에 앉아서 순례자들에게 성화聖畵와 성상聖像을 팝니다. 따라서 그는 거기에서 더 이상 찬송가를 부르거나 성경을 읽을 필요도 없습니다. 이것이 수도원을 파괴하고 하느님 예배를 폐지하는 것이라고 한다면, 우리는 교황을 기독교의 파괴자와 하느님 예배의 폐지자라고 칭해야 마땅합니다. 당연한 것이 그는 이런 행위를 정말 강력하게 수행하고 있기 때문입니다. 로마에게는 이 말이 가혹하게 들릴지 모르겠습니다. — 그러므로 우리는 그것을 수도원 보유를 위한 위임제도 또는 명령이라고 칭해야만 할 것입니다. 교황은 해마다 이런 수도원들 중에서 4개 이상을 위임하여, 각 위임지로부터 6,000굴덴 이상의 수입을 올릴 수 있습니다. 이런 식으로 로마의 탐욕자들은 하느님 예배를 늘리고 수도원들을 유지해 나갑니다. 이제는 독일

35_ 특정한 직무이행의 의무 없이 성직록을 위임 내지 수여하는 것Übertragung der Pründe.

인들도 이런 일을 알기 시작합니다.

셋째로, 두 교구나 두 주교구 등이 있을 때에 교회법의 규정에 따라 두 개를 동시에 보유할 수 없는 **인콤파티빌리아**incompatibilia[36]라고 불리는 몇 개의 영지들이 있습니다. 이런 경우 로마교황청과 탐욕스런 교황은 거기에 연합unio과 합병incorporatio이라는 주석Glossen을 달아 교회법을 교묘하게 빠져나갑니다. 즉 많은 인콤파티빌리아들을 통합함으로써 하나가 다른 것의 일부가 되어 마치 하나의 성직록Pfründe만 존재하는 것처럼 여겨지게 합니다. 이렇게 하여 그것은 결코 인콤파티빌리아가 아니면서도 교회법에는 저촉되지 않는 것입니다. 따라서 그런 주해를 교황과 그의 서기관Datárius[37]에게서 사지 않는 사람들의 경우 외에는 누구나 법적으로 구속을 받지 않습니다. 앞서 언급한 '연합'도 같은 방식입니다. 교황은 여러 영지들을 나무더미처럼 함께 묶어 놓고는, 그 모든 것이 하나로 엮어져 있기에 하나의 영지로 간주되도록 위장합니다. 그리하여 우리는 로마에서 한 사람의 고급 매춘부를 발견하게 됩니다. 그 자는 자기만을 위하여 22개의 교구와 7개의 대성당교구, 게다가 44개의 성직록까지 소유하고 있습니다. 이 모든 것이 법에 저촉되는 것은 아니라는 교묘한 주해의 힘을 빌려 그렇게 됩니다. 이제 추기경들과 기타 고위성직자들이 얼마나 소유하고 있는지는 누구나 추측할 수 있을 것입니다. 그들은 이렇게 독일인들의 지갑을 털고 즐거움도 유린하고 있습니다.

36_ 의미상으로는 양립불가.

37_ 교황청에서 성직록에 관한 업무를 처리하는 부서의 장.

교황이 제시하는 또 다른 주석 가운데 하나는 **행정제도**Administra-tio[38]입니다. 즉 한 사람이 자기 주교구 외에 대수도원 교구나 고위성직을 가질 수 있으며, 일체의 관련 재산을 소유할 수 있습니다. 하지만 그는 행정관administra'tor이라는 칭호로만 호칭될 따름인데, 이유인즉 로마에서는 말은 변하고 행동은 변하지 않는 것으로 충분하기 때문입니다. 이에 관해 나는 좋은 비유 하나를 가르쳐 드리겠습니다. 즉, 창녀촌의 포주는 시장 부인이라고 불리면서도 본래의 자신을 드러내지 않을 수 없는 것입니다. 성 베드로는 이런 식의 로마 통치를 베드로 둘째(2, 3)에서 이미 예고한 바 있습니다. "거짓 교사들이 나타나 탐욕에 차서 조작한 말로 여러분을 속여 착취할 것입니다."

경애하는 로마의 탐욕자는 매도자 내지 거래자가 귀속권Heimfall과 청구권Anspruch을 보유하도록 특권을 부여하여 성직록과 영지를 팔고 대여하는 관습을 다시금 고안해냈습니다. 다시 말해 만일 기존 소유자가 사망한다면, 그가 소유하던 영지는 그 이전에 팔거나 대여하거나 양도한 사람에게 무상으로 다시 귀속된다는 것입니다. 이렇게 해서 그들은 성직록을 상속재산으로 만들었습니다. 그 결과 매도자에게서 그것을 사려는 사람이나 또는 매도자의 유고시 그 권리를 물려받은 사람 외에는 누구도 소유권을 가질 수 없게 되었습니다. 그 밖에도 개중에는 영지를 명의만 다른 사람들에게 넘겨주는 사람들도 많습니다. 물론 명의를 얻은 사람은 거기서 한 푼의 수입금도

38_ 독일어로는 Verwaltung.

받지 못합니다. 1년 수입 총액의 얼마를 받는 조건으로 영지를 다른 사람에게 넘기는 것도 이미 지금은 낡은 수법이 되고 말았습니다. 옛날에는 이것이 성직 매매Simonie[39]였습니다. 이런 일들은 셀 수도 없을 만큼 많습니다. 그들은 십자가 아래서 그리스도의 겉옷을 나누었던 이교도들[40]보다 더 수치스럽게 성직록을 가지고 거래합니다.

그러나 이제까지 말했던 모든 것이 로마에서는 오래전부터 주지의 사실이 되어버렸습니다. 탐욕스런 인간은 하나를 더 고안해냈습니다. 나는 이것이 부디 최후의 것이 되어, 그로 인해 그가 제발 질식사하기를 기원합니다. 교황은 "**그의 심정의 유보**seines Gemütes Vorbehalt"[41]와 "**전권에 의한 자기규정**Selbstbestimmung der Vollmacht"이라는 아주 멋들어진 책략을 갖고 있습니다. 예를 들자면 한 사람이 로마에서 관례에 따라 공식적으로 서명하고 승인된 성직록을 얻었다고 합시다. 그런데 돈을 싸들고 오거나 또는 여기서는 말할 계제가 아니지만 그 밖에 다른 방식으로 그럴만한 가치가 있는 다른 사람이 나타나 같은 성직록을 원하는 경우, 교황은 그 성직록을 처음 사람에게서 빼앗아 다음 사람에게 줍니다. 만일 사람들이 이를 부당하다고 말하면, 성스럽기 그지없는 교황께서는 이렇게 공개적으로 법을

39_ Kauf geistlicher Ämter〔사도행전(8, 18)〕 참조.

40_ 마르코(15, 24).

41_ 본문에 독일어와 함께 병기되어 있는 라틴어는 pectorális reservátio. 교황의 권력을 남용하는 방식 중에 하나로, '마음의 상자Herzenskasten'라는 개념 또한 이와 유사하다. 모든 법령을 교황은 '마음의 상자' 속에 넣어두고 멋대로 사용한다고 루터는 비판한다. 각주 116 참조.

거슬러 권세를 행했다는 책망을 받지 않도록 변명합니다. 즉 교황은 한평생 이제까지 그런 영지에 관해 생각하거나 들어본 적이 없지만, 그것을 다만 가슴과 심정으로 자기 자신과 절대권능에 의거하여 유보했다는 것입니다. 이렇게 교황은 교묘한 주해를 발견해냅니다. 그는 자신의 인격을 걸고 거짓을 말하고 속이고, 모든 사람을 우롱하고 바보로 만들고 있습니다. 교황은 이 모든 것을 철면피하게 공개적으로 행하면서도 기독교의 머리가 되고자 합니다. 그는 공공연히 거짓말을 함으로써 악령의 지배를 받습니다.

교황의 이런 방종과 기만적인 유보는 이제 로마에서 말로는 표현하기 어려운 상황을 만들어내고 있습니다. 로마에서는 구매, 판매, 교환, 교역, 소동, 사기, 기만, 강도, 절도, 사치, 간음, 악행, 갖가지의 하느님 모독이 행해지는 바, 적그리스도의 통치도 이보다 더 혐오스럽지는 않을 것입니다. 로마에서 열리는 떠들썩한 시장과 거래에 비하여 베니스나 안트베르펜, 카이로는 아무것도 아닙니다. 다른 곳에서는 이성과 법이 유지되고 있습니다만, 로마에서는 매사가 악마의 뜻대로 이루어집니다. 온갖 유사한 악덕은 로마라는 바다로부터 온 세상으로 흘러들어 갑니다. 이런 사람들이 어찌 개혁과 자유로운 공의회를 두려워하지 않을 것이며, 단합을 통하여 공의회가 열리지 못하도록 어찌 모든 왕들과 영주들을 싸우게 하지 않겠습니까? 어느 누가 이런 악행이 백일하에 드러나는 것을 참을 수 있겠습니까?

마지막으로 교황은 이 모든 고상한 거래를 위하여 자신의 판매처를 세웠습니다. 그것이 바로 로마 교황청 안에 있는 **다타리우스의 집** des Datárius Haus[42]입니다. 이런 식으로 영지와 상직록을 거래하려는 사람은 모두 여기로 와야 합니다. 사람들은 여기서 교묘한 주해와 조작법을 사들여서는 무지막지한 짓거리를 행사할 권한을 얻어야만 합니다. 예전에는 로마가 그나마 자비로운 때가 있어서, 돈으로 정의를 사거나 억눌렀습니다. 그러나 지금은 그런 것들을 사는 데 값이 너무 올라서, 사전에 거액으로 권리를 사지 않고는 누구도 감히 그런 악행을 저지르지 못합니다. 만일 이것이 창녀촌 중에서도 최고의 창녀촌이 아니라면, 무엇을 창녀촌이라고 불러야 할지 나는 모르겠습니다.

지금 당신이 이 집에 돈을 가지고 가면, 당신은 이제까지 언급된 모든 것을 얻을 수 있습니다. 나아가 여기서는 온갖 고리대금업이 돈을 위해 정당화되며, 도둑질과 강도질로 얻은 모든 재산이 합법화됩니다. 여기서는 서원誓願[43]이 파기되고, 수도사들이 수도회를 떠날 수 있는 자유가 주어집니다. 돈만 주면 성직자들도 결혼을 할 수 있으며, 사생아가 적자로 될 수도 있습니다. 또한 갖가지 불명예와 수치가 품격을 갖출 수도 있습니다. 온갖 악의 흠집과 낙인도 여기서는 기사들처럼 고상한 것으로 둔갑합니다. 여기서는 결혼도 금지된 것이든 흠이 있든 돈만 있으면 틀림없이 허용됩니다. 아, 착취와 수탈행위가 여기서 얼마나 지배적인지요! 그러다 보니 모든 교회법이 돈을 벌어들이기 위한 올가미가 되기 위해 제정된 것처럼 보입니다.

42_ 각주 37 참조.

43_ 가톨릭 교회에서 기독교적 신앙을 쌓기 위해 하느님께 맹세하는 행위.

진정 기독교인이 되려고 하는 사람은 이것으로부터 벗어나지 않으면 안 됩니다. 정말이지 이곳에서는 악마가 성자가 되고 신의 경지에까지 도달합니다. 하늘과 땅이 할 수 없는 것을 이 집에서는 할 수 있습니다. 그들은 이를 **조정**compositiónes[44]이라고 부릅니다만, 실제로 그것은 혼란confusiónes에 지나지 않습니다. 이 거룩한 집에 비하면 라인 강의 통행세는 얼마나 초라한지 모릅니다.

어느 누구도 내 말이 너무 지나치다고 생각해서는 안 됩니다. 모든 일이 너무나 명백하기 때문에 로마에 있는 그들조차 어느 누가 말할 수 있는 것보다 더 소름끼치는 상황이라고 고백하지 않을 수 없을 것입니다. 나는 아직도 지옥에 떨어져도 시원치 않을 개인적인 악덕에 대해서는 들추어내지 않았으며, 또한 그렇게 할 마음도 없습니다. 나는 일반적으로 일어나는 사태들에 대해서만 말하고 있으나, 그것조차 말로는 다할 수가 없을 것 같습니다. 주교들과 사제단, 무엇보다 이런 일로 봉급을 받는 대학의 박사들이 의무에 따라 일치단결하여 저항의 글을 쓰고 외쳐야만 할 것입니다. 그렇습니다, 이제까지의 태도를 바꾸면,[45] 그대는 그것을 알게 될 것입니다.

아직도 내 말은 끝나지 않았습니다.[46] 이 말도 꼭 해야겠습니다.

44_ 독일어로 풀이하면 면제세를 의미한다. Die Taxe, die für die Befreihung von einer kirchlichen Vorschrift gezahlt wurde.

45_ 보통 독일어로 'Wend das Blatt um'은 '페이지를 넘기면'이라는 뜻이지만, 여기서는 '이제까지의 태도를 바꾸면'이라는 뜻.

46_ 독일어 표현에 있어서 'das Valete'는 der Schluß의 의미. 본문은 다음과 같이 되어 있다. Es steht noch das Valete aus, das muß auch geben.

욕심에 눈이 먼 탐욕의 화신은 세 명의 위대한 왕들도 만족스럽게 여길 만한 그 많은 재물로도 만족하지 못하여, 이제는 거래 장소를 옮겨 아우구스부르크의 푸거Fugger[47]에게 팔기 시작하였습니다. 그리하여 주교구와 영지를 대여하거나 교환하고 사들이는 일, 영적인 자산으로 멋지게 흥정하는 일이 제자리를 잡음으로써, 이제는 영적이고 세속적인 재산이 일종의 상행위처럼 되어버렸습니다. 이제 나는 로마의 탐욕자가 생각해낼지도 모르는 고도의 책략에 관해 듣고 싶은데, 그는 차후에 할 사업과 과거에 못한 사업이 무엇인지 잘 알고 있기 때문입니다. 물론 이 두 가지가 합치된 상행위를 푸거가 누군가에게 이전하거나 매도하지 않는다는 전제에서 그렇습니다. 하지만 나는 이런 일도 한계에 도달했다고 생각합니다.

그들이 면죄부免罪符, 교황칙서, 고해증서, **식사허가증**Butterbrief[48], 그 밖에 **면책허가증**Confessionales[49]으로 방방곡곡에서 지금까지 훔쳐왔고, 아직도 훔치고 착취하는 그 모든 것을 나는 보잘것없는 쓰레기, 지옥에나 있어야 할 저주스러운 것으로 생각합니다. 한 사람의 강력한 왕이 그들의 수입금으로 잘 살아갈 수 있기 때문에 그들이 벌어들이는 것이 적지는 않으나, 위에서 언급한 막대한 재물과는 비할 바가 아닙니다. 이 자리에서는 면죄부 수입금이 어디로 들어갔는

47_ 15~16세기에 유럽에서 주목을 받던 은행가 가문. 예컨대 푸거 은행은 팔리움 판매금 조달에 대한 지급보증을 서기도 했다. 루터는 이 책 거의 뒷부분에서 다시 한 번 푸거 가문의 돈 버는 방식에 의구심을 제기한다. 각주 132 참조.

48_ 금식일에도 단식계율을 면할 수 있는 허가증. 버터와 밀크 등이 허용되었다.

49_ 교회법에 어긋났을 때 죄를 경감해 주는 증서.

지에 대해서는 말하지 않겠습니다. 이에 대해서는 다른 기회에 묻고자 합니다. 왜냐하면 캄포플로레Campoflore,[50] 벨베데레Belvedere[51] 및 다른 몇 장소들이 그 돈의 사용처를 얼마간 알고 있을 것이기 때문입니다.

따라서 이런 악마적인 통치가 공공연한 도둑질이자 사기행각, 지옥문의 잔혹함일 뿐만 아니라 영적으로나 육체적으로 기독교를 파멸시키기 때문에, 이런 기독교의 불행과 파괴를 막기 위해 온 힘을 다하는 것이 우리의 의무입니다. 만일 우리가 터키인들과 싸우려고 한다면, 최악의 상태에 있는 여기 이곳에서 시작합시다. 정당하게 도둑들을 교수형에 처하고 강도들을 참수한다면, 어째서 우리는 로마의 탐욕스런 인간은 그대로 두어야 한단 말입니까? 그는 이 땅에 있었던 도둑들과 강도들 가운데 최대의 도둑이자 강도이며, 모든 짓을 그리스도와 성 베드로의 거룩한 이름으로 행하였습니다. 누가 이에 대해 참을 수 있고 침묵을 지킬 수 있겠습니까?

그가 소유하고 있는 거의 모든 것은 어떤 식으로든 도둑질과 강도질로 빼앗은 것입니다. 이는 변화할 수 없는 사실이며, 모든 역사로부터 입증됩니다. 교황은 상술한 보물 구덩이와 영토 외에도 그의 직책으로부터 100만 두카텐은 거둬들일 수 있는 막대한 재산을 결코 구입한 일이 없습니다. 그리스도나 성 베드로에게서 유산으로 물려받은 일도 없습니다. 어느 누구도 그에게 대여한 일이나 준 일도

50_ 로마의 광장 이름.

51_ 바티칸의 호화건축물.

없습니다. 그렇다고 오랫동안 기다리거나 시효가 지나서 얻은 것도 없습니다. 그렇다면 그가 어디서 그것을 얻는 것인지 나에게 말할 수 있겠습니까? 그들이 터키인들에 대항하여 쓸 돈을 모으기 위해 사절들을 파견할 때, 그들이 어떤 것을 시도하고 생각하고 있는지 그 내막을 알아차리십시오.

나는 이런 무서운 상황을 개선하는 데 도움이 될 만한 약간의 것도 제안하기에는 너무나 보잘것없는 사람이지만, 그럼에도 나는 내 바보스런 역할을 끝까지 수행할 것이며, 나의 분별력이 허락하는 한 세상의 권세나 일반 공의회로부터 무엇을 할 수 있고 또 무엇을 해야 하는가를 말하고자 합니다.

<1>

첫째로, 모든 영주와 귀족, 그들의 지배를 받는 사람들이 사는 도시는 로마에 성직헌상록을 보내는 것을 서슴없이 금지하고 이를 완전히 폐지하지 않으면 안 됩니다. 왜냐하면 교황은 계약을 어기고 성직헌상록을 도둑질하여 전 독일 국민에게 손실과 모욕을 안겼기 때문입니다. 교황은 성직헌상록을 친구들에게 주거나 그 권리를 거액의 돈으로 매각하여 성직들officia[52]을 창설합니다. 그러므로 그는

52_ 성직 또는 교직 Kirchliche Ämter.

성직헌상록에 대한 권리를 상실했으며, 벌을 받아야 마땅합니다. 따라서 죄 없는 사람들을 보호하고 부정을 방지하는 것은 세상권세의 의무인 것입니다. 이와 관련하여 성 바울은 로마서(13, 4)에서 가르치고, 성 베드로는 베드로 첫째(2, 14)에서 가르치고 있으며, 교회법까지도 16조 7항에서 알려주고 있습니다. 그러므로 교황과 그의 추종자들에 대해서는 기도하라Tu óra고 하고, 황제와 그의 신하들에 대해서는 보호하라Tu protége고 하며, 일반인에 대해서는 일하라Tu labora고 하는 것입니다.[53] 그렇지만 이는 어떤 사람도 기도하고 보호하고 일하지 않는다는 것을 의미하는 것이 아닙니다. 누군가가 자신의 일에 성실하다면, 그가 하는 모든 것은 기도하고 보호하고 일하는 것이기 때문입니다. 진실로 각자에게는 자신만의 특별한 일이 주어져 있습니다.

<2>

교황은 로마의 다음과 같은 책략, 이른바 위임[54]이나 보좌신부제도Adjutorien, 유보, 성직예고gratiae expectatívae,[55] 교황의 달, 합병, 연합, 팔리움, 교황청 관리규칙Kanzleiregeln 및 이와 유사한 악행 등을 동원하고 있습니다. 그러나 그는 아무 권한과 권리도 없이 독일의 모

53_ 본문에서 독일어는 각각 라틴어 표현과 대응하여 다음과 같이 병기되어 있다. Du sollst beten. Du sollst schützen. Du sollst arbeiten.

54_ 각주 35의 위임Kommende 참조.

55_ 재직자의 의사와 관계없이 만기가 되지 않은 성직록을 약속하는 행위.

든 주교구들을 강탈하고, 그것을 독일을 위해서는 아무것도 하지 않는 로마의 외국인들에게 주거나 매각합니다. 그리하여 교황은 주교단Ordinarien[56]에게서 그들의 권한을 빼앗고, 주교들을 바보와 얼간이로 만들며, 그 자신의 교회법과 본성, 이성에 반하여 행동합니다. 이렇게 오로지 탐욕에 의하여 성직록과 영지들이 로마에 있는 뻔뻔하고 무지한 바보들과 악당들에게 팔리게 되었습니다. 반면에 경건하고 유식한 사람들은 지혜와 공적의 어떤 유익함도 얻지 못하게 되었습니다. 하여 독일의 가난한 백성들은 선하고 유식한 고위성직자 없이 지내면서 파멸의 길로 접어들지 않을 수 없게 되었습니다.

그러므로 기독교 귀족들은 기독교 공동의 적과 파괴자를 대하듯이 교황에게 대항하지 않으면 안 되며, 또한 그의 포악한 행동으로 말미암아 파멸할 수밖에 없는 가련한 영혼들을 위하여 그렇게 해야만 합니다. 기독교 귀족들은 차후 어떤 영지도 로마로 넘어가지 않도록 해야 하며, 또 어떤 직책이라도 어떻게 해서든 거기서 얻을 것이 아니라 정반대로 그것을 포악한 권력으로부터 빼내어야 합니다. — 영지들을 로마 밖에서 보존토록 해야 하며, 가능한 한 독일 내에서 이런 영지들을 처분할 수 있는 권리와 직무를 다시 주교단에게 돌려주어야 합니다.

그리고 만일 어느 고급 매춘부Kurtisan가 로마에서 오면, 그에게 접근금지 명령을 내리거나 라인 강 내지 가까운 강물 속으로 뛰어들

56_ 재판권 행사가 가능한 주교들.

도록 엄단 조치해야 합니다. 만일 로마의 파문장破門狀을 인장과 편지와 함께 냉수욕을 시키게 된다면, 로마에 있는 저들은 독일인들이 늘 얼얼하게 취해 있는 것이 아니라 참 기독교인이 되었다는 것을 알게 될 것입니다. 나아가 독일인들이 그리스도의 거룩한 이름에 대한 조롱과 멸시를 더 이상 허용하지 않고, 인간들의 권위보다 하느님과 그분의 영광을 더 귀하게 여긴다는 것 또한 알게 될 것입니다. 실로 저들은 그리스도의 이름을 팔아 온갖 악행과 영혼의 파멸을 저질러 왔습니다.

<3>

앞으로는 주교복과 어떤 고위직의 인준을 로마에서 받지 않도록 해야 하고, 또한 가장 거룩하고 가장 유명한 니케아공의회[57]의 법규를 재건하는 황제의 명령이 떨어져야 합니다. 니케아공의회에서 주교는 가장 가까운 곳에 있는 두 분의 주교나 대주교의 인준을 받아야 한다고 결정한 바 있습니다. 만일 교황이 이 니케아공의회와 다른 모든 공의회들의 규약을 깨려 한다면 공의회를 열어야 무슨 소용이 있겠습니까? 아니, 누가 교황에게 이렇게 공의회들을 무시하고 깨트릴 권한을 주었단 말입니까?

이런 식이라면 차라리 모든 주교들, 대주교들, 수석대주교들을

57_ 각주 26 참조.

모조리 없애고, 교황만이 지금처럼 단독 통치하도록 그들을 단지 일반 신부로 격하합시다. 실제로 교황은 주교들, 대주교들, 수석주교들에게 어떤 정규적인 권한이나 직무도 허용치 않고, 모든 것을 강탈하고 있으며, 그들에게는 단지 명의와 내실 없는 직함만을 주었습니다. 뿐만 아니라 교황의 **해제권**Exemption[58]를 통하여 수도원장과 고위성직자들이 주교의 정규적인 권한을 빼앗김으로써, 이제 기독교에는 질서라곤 없는 형편이 되었습니다. 이제까지 진행된 결과가 그렇듯이 징벌의 완화와 아울러 세상 어디서나 악을 행할 수 있는 자유가 뒤따를 것이기 때문에, 나는 교황을 죄인homo peccati[59]이라고 불러도 되지 않을까 심히 우려가 됩니다. 기독교에는 규율이나 징벌, 규칙, 질서도 없는데, 그렇다면 교황 외에 누구에게 책임을 묻겠습니까? 교황은 이런 부당한 권력을 통하여 모든 고위성직자들의 손에 자물쇠를 채우고 채찍을 휘두릅니다. 반면에 그의 모든 가신들에게는 길을 열어주면서 그들에게 자유를 주거나 팔기도 합니다.

그럼에도 교황이 자신의 직권을 빼앗기고 있다고 불평하지 못하도록, 수석주교나 대주교들이 문제를 해결할 수 없거나 또는 그들 사이에 분쟁이 일어날 때에는, 사소한 문제까지 그렇게 할 것은 아니라 해도, 이를 교황에게 보고가 되도록 규정해야 할 것입니다. 옛날에도 이런 식으로 이루어졌으며, 너무나 유명한 니케아공의회에

58_ 주교의 관할권Gerichtsbarkeit에서 제외시키고, 교황의 관할권으로 소속시키는 것.

59_ Mensch der Sünde 또는 der Antichrist(적그리스도: 데살로니가(2, 3)) 참조.

서도 이렇게 결정한 바 있습니다. 그러나 교황 없이 문제가 해결될 수 있는 한, 교황은 이런 사소한 문제들로 괴로워할 것이 아니라 본인 스스로 자랑하듯이 전체 기독교계를 위한 기도와 연구, 배려에 힘쓰도록 해야 합니다. 사도들은 다음과 같이 행하고 말하였습니다. "우리가 하느님의 말씀을 제쳐 놓고 식탁일에 봉사하는 것은 옳지 않습니다. 우리 자신은 설교와 기도의 봉사에 진력하고 그 일에는 다른 사람들을 지정하기로 합시다"〔사도(6, 2)〕. 그러나 지금 로마는 복음과 기도를 무시하고 '식탁일Tischdienst', 즉 시류적인 행위에만 매달릴 따름입니다. 실로 사도들의 통치와 교황의 통치란 그리스도와 악마, 하늘과 지옥, 밤과 낮의 관계처럼 조화롭지 못합니다만, 그럼에도 교황은 그리스도의 대리자, 사도들의 계승자라 자처합니다.

<4>

넷째로 세상의 일은 로마가 아니라 전적으로 세상권력에 맡기도록 규정되어야 합니다. 그들 스스로도 교회법으로 결정하고는 지키지 않습니다. 왜냐하면 명목만이 아니라 진실로 기독교인들의 믿음과 신앙적 생활에 관련된 일들을 통치하는 것이 성서에 가장 해박하고 가장 성스러운 자인 교황의 직무이기 때문입니다. 세상일은 수석주교들과 대주교들에게 전적으로 맡기고, 교황은 그들과 그 문제에 관해 논의하고 염려하는 것으로 족합니다. 성 바울은 고린도 첫째(6, 7)에서 이를 가르치고 있는데, 고린도 교인들이 세상일에 관여하

는 것을 크게 책망합니다. 요컨대 세상일들이 로마에서 다루어짐으로 모든 나라에 견디기 힘든 손실을 초래하기 때문입니다. 이럴 경우 막대한 비용이 들게 되며, 게다가 로마의 재판관들은 여러 나라들의 관례와 법률, 습관을 알지 못하기 때문에 종종 사태를 강요하거나 자신들의 법률과 견해에 따라 판결을 하게 됩니다. 그리하여 종래는 재판 당사자들에게 부당한 일이 일어나게 되는 것입니다.

동시에 주교의 권한 대행자들Offiziale에 의하여 자행되는 가혹한 착취가 모든 주교구에서 금지되어야 할 것입니다. 그들은 다만 신앙과 도덕에 관한 것만을 취급하고, 돈이나 재산, 육체, 명예 등에 관한 것들은 세상의 재판관들에게 맡기도록 해야 합니다. 그러므로 세상의 권세는 신앙이나 바른 생활과 관련된 것이 아닌 경우 저들의 파문과 추방 선고를 허용해서는 안 됩니다. 영적인 권세는 이성이 가르치는 대로 영적인 재산을 관리해야 합니다. 영적인 재산이란 돈이나 육신에 관한 것이 아니라, 신앙과 선행이라는 것은 말할 나위도 없습니다.

그럼에도 영지와 성직록에 관련된 일들은 주교들과 대주교들, 수석주교들에게서 처리되어야 할 것입니다. 그러므로 가능한 한 불화와 다툼을 해결할 수 있도록 독일의 수석주교는 배석판사auditores와 교황청 각료들Kanzlern과 함께 일반 추기경회의Konsistorium를 개최할 수 있을 것입니다. 말하자면 수석주교는 로마 교황청에 있는 법률심의위원회die signatúrae grátiae und justíae[60]에서 하는 역할을 관장하는 것

60_ Päpstliche Behörden für Fragen, die entweder auf dem Gnadenweg(gratia) oder auf dem Rechtswege(justitia) zu entschieden sind(은사恩赦인가 송사訟事인가를 심의하는 교황의 자문기관).

으로, 독일에서 일어나는 사건들은 결국 이 추기경회의로 항소되어 심의되는 것입니다. 그러나 이 추기경회의의 관련자들에게는 로마에서처럼 우연한 선물과 기부금을 보수로 주어 정의와 불의를 판매하는 데 길들여지도록 해서는 안 됩니다. 현재 로마에서는 교황이 그들에게 봉급도 주지 않고 선물로 배를 채우게 하기 때문에, 그들로서도 그렇게 할 수밖에 없는 것입니다. 이유인즉 로마에서는 누구에게나 무엇이 정의인지 불의인지가 중요한 것이 아니라, 돈이 되는지 안 되는지만 중요하기 때문입니다. — 이를 해결하기 위하여 성직헌상록Annaten 등에서 급료를 지불하는 방법이 있을 수 있으며, 그 밖에도 나보다 더 명석하고 이 일에 더 많은 경험을 쌓은 사람들이 어떻게든 잘해낼 수 있을 것입니다. 나는 다만 독일국민이 교황의 비참하고 이교도적이며 비기독교적인 통치를 벗어나 다시 기독교도로서 자유롭게 되도록 도울 수 있는 능력과 기질을 가진 사람들에게 자극과 동기를 심어주려는 것뿐이었습니다.

<5>

유보권Reservation[61]은 더 이상 통용되어서는 안 되며, 어떤 영지도 더 이상 로마에 억류되어서는 안 됩니다. 설령 영지의 소유자가 사망하거나, 분쟁이 일어나거나, 또는 소유자가 추기경 또는 교황의

61_ 교직敎職 수여에 관한 교황의 유보권.

시종Gesinde일지라도 그렇습니다. 그리고 고급 매춘부Kurtisana가 어떤 영지와 관련하여 경건한 사제들을 강제로 소환하여 괴롭히고 소송을 제기하도록 분쟁을 일으키는 것을 엄격하게 금지하고 막아야만 합니다. 만일 이런 일로 말미암아 로마에서 어떤 파문이나 교회적인 압박이 내려온다면, 우리는 그것을 무시해야 합니다. 그것은 마치 도둑이 그에게 도둑질을 하지 못하게 한다고 하여 사람을 파문하는 행위나 진배없습니다. 정말이지 그들은 그들의 도둑질을 강화하기 위하여 파문과 하느님의 이름을 그토록 불경스럽게 남용하기에 엄벌에 처해야 합니다.

그들은 허위로 꾸며낸 협박을 통하여 우리에게도 하느님의 이름에 대한 모독과 기독교 권위의 남용을 참거나 찬양하도록 압박을 가합니다. 우리가 하느님 앞에서 악행에 저항하는 것이 우리의 의무임에도, 그들은 악행에 동참하도록 우리를 몰아대려고 합니다. 사도 바울은 로마서(1, 32)에서 이런 일을 행하는 자들뿐만 아니라 이런 일에 동의하거나 용인하는 자들까지도 죽어 마땅하다고 책망합니다. 그러나 무엇보다 허위적인 **심중 유보**reservatio pectoralis[62]야말로 참기 어려운 조항인데, 이를 통해 기독교는 아주 수치스럽고 공개적으로 모독과 조롱에 빠져버렸습니다. 그도 그럴 것이 기독교의 수좌라는 사람이 새빨간 거짓으로 행동하고, 재물에 대한 지독한 애착으로 인하여 모든 사람을 파렴치하게 속이고 우롱하기 때문입니다.

62_ 특정인에게 어떤 직무를 넘기려는 교황의 무언의 의도. 심정의 유보, 전권에 의한 자기 결정, 마음의 상자 등의 개념이 모두 이와 일맥상통한다. 각주 41, 각주 116 참조.

<6>

유보사항die casus reserváti 또한 폐지되어야 합니다. 이는 사람들에게서 많은 돈을 착취할 뿐만 아니라, 수많은 불쌍한 양심의 소유자들이 미치광이 폭군들에 의해 함정과 혼란에 빠지게 되는 수단으로서, 종래는 하느님에 대한 신앙에 막대한 손상을 초래합니다. 특히 그들이 **'주의 만찬**Coenae domini'[63]이라는 교황칙서Bulla를 가지고 호들갑을 떠는 가소롭고 유치한 사항들이 그러합니다. 여기에 적힌 사항들은 나날의 죄라고 칭할 만한 가치도 없는 것들이며, 더구나 교황이 면죄부로 사면할 필요조차 없을 만큼 사소한 일들입니다. 예컨대 어느 누가 로마 순례를 방해하든가 또는 터키인들에게 무기를 제공하든가 교황의 서신을 위조한다면, 이는 호들갑을 떨 만큼 큰일은 아닙니다. 그들은 이렇게 거칠고 광기 어리고 서투른 것들을 가지고 우리를 바보 취급합니다. 그런데 흥미롭게도 소돔과 고모라, 하느님의 계명에 반해 행해지고 행해질 수 있는 모든 죄들은 유보사항이 아닙니다. 하지만 정작 하느님께서 명령한 것이 아니고 그들 스스로가 날조한 것들은 매번 유보사항이 되고 맙니다. 이렇게 되는 이유는 간단합니다. 그들은 어느 누구의 방해도 받지 않고 돈을 로마로 가져와야 하고, 터키인들 앞에서 안전하게 호사스런 삶을 살아야 하며, 나아가 쓸모없고 무용한 교황의 칙서와 문서를 가지고 세상을 자신들의 압제하에 잡아두어야 하기 때문입니다.

63_ 여기에는 기독교인들의 잘못된 점이 열거되어 있음.

다음은 모든 사제들이 당연히 알아야 하고 또한 공공연한 규칙이 되어야 합니다. 요컨대 어떤 비밀스런 죄, 아직 기소되지 않은 죄도 유보사항이 아니며, 사제라면 누구나 어떤 죄를 막론하고 죄를 사면할 권능을 가지고 있다는 사실입니다. 죄가 알려져 있지 않는 한, 수도원장이나 주교, 교황까지도 그것을 자기 뜻대로 유보할 권능은 없습니다. 만일 그들이 유보를 행한다면, 그것은 구속력이나 효력도 없습니다. 이런 행위는 그들이 제멋대로 하느님의 심판에 관여하고, 아무 이유 없이 불쌍하고 무지한 양심들을 유혹하고 괴롭히는 것이므로 징벌을 받아 마땅합니다. 그러나 공적인 대죄, 특히 하느님의 계명에 거스르는 죄의 경우 유보사항의 근거가 됩니다만, 이런 때에도 그것이 너무 많아서는 안 됩니다. 또한 유보사항은 근거 없는 자기 직권만으로 행해져서는 안 됩니다. 왜냐하면 성 베드로가 말한 것처럼 그리스도께서는 그의 교회에 폭군들이 아니라 목자들을 앉게 하였기 때문입니다〔베드로 첫째(5, 3)〕.

<7>

로마 교황은 직책들을 없애고, 로마에 있는 벌레와 해충의 무리를 감소시켜야 합니다. 그리하여 교황의 시종들은 교황 자신의 재산으로 부양할 수 있도록 하고, 그의 궁전을 사치와 비용에 있어서 제왕들의 궁전보다 능가하지 않도록 해야 합니다. 이런 것은 기독교인의 신앙 문제에 전혀 도움이 되지 않을 뿐만 아니라, 이런 것

때문에 그들은 연구와 기도에 저해가 되어 결국은 신앙에 대해 아무 말도 못하는 지경에 이르게 됩니다. 그들은 마지막 로마 공의회에서 이를 여실히 입증하였습니다. 그들은 이 공의회에서 수많은 유치하고 경박한 조항들 가운데 우스꽝스런 조항, 즉 인간의 영혼은 불멸한다는 것과 사제는 자신의 영지를 잃지 않으려면 매달 한 번 기도문을 외울 의무가 있다고 결정하였습니다.

재물과 세속적인 사치 등 무한한 탐욕에 냉혹해지고 눈이 먼 채로 이제 와서는 영혼이 불멸한다고까지 규정하는 자들이 어떻게 신앙과 교회에 관하여 올바른 방향을 제시하겠습니까? 로마에서 신앙을 그렇게도 수치스럽게 다룬다는 것은 모든 기독교인들에게 치욕이 아닐 수 없습니다. 만일 로마파들이 재물과 사치심을 덜 갖게 된다면, 그들은 더 열심히 연구하고 기도할 수 있을 것입니다. 또한 주교들도 감히 왕들의 왕이고자 하지 않았던 옛날처럼 신앙문제를 다룰 만한 자격과 능력을 갖추게 될 것입니다.

<8>

엄중하고 두려움을 자아내는 서약은 폐지되어야 합니다. 주교들은 교황에게 불법으로 서약을 강요당하고 있습니다. 아울러 교회법 가운데 쓸모없고 무식하기 짝이 없는 **시그니피카스티**Significásti[64]라

64_ 주교 임명 및 팔리움의 수여와 관련된 서약의 강압적 내용이 명시되어 있다.

는 장章은 이에 관해 독선적이고 무분별하게 규정하고 있는데, 바로 이 때문에 주교들은 종들처럼 사로잡혀 있습니다. 로마파들은 신앙을 약화시키고 기독교를 멸망에 이르게 하는 수많은 광기의 법률로 우리의 육체와 영혼, 재산을 억누르는 것만으로는 만족하지 않습니다. 그들은 주교들의 신분과 직무, 일뿐만이 아니라 임명권Investitur[65]까지도 꼼짝 못하게 손에 쥐고 있습니다. 옛날에는 이것이 독일 황제의 권리였으며, 프랑스와 몇몇 왕국에서는 아직도 왕들의 권한에 속합니다. 교황과 그의 추종자들은 이 문제로 황제들과 큰 싸움 및 분쟁을 오랫동안 벌여 왔는데, 마침내 저들은 파렴치한 권력으로 주교임명권을 빼앗아 이제까지 보유해 왔습니다. 그리하여 독일인들은 지상의 모든 기독교인들 앞에서 마치 교황과 로마 교황청의 어리석은 꼭두각시처럼, 다른 나라 사람 같으면 도저히 참고 견딜 수 없는 것을 행하고 참아야만 하는 것입니다. 이런 행위는 주교들의 정당한 권한을 방해하고 불쌍한 영혼들에 해를 가하는 완전한 폭력과 강도질에 해당하기 때문에, 황제와 귀족들에겐 이런 압제를 막고 징벌하는 것이 의무입니다.

교황은 주교가 왕에게 왕관을 씌우듯이 황제에게 제단에서 기름

65_ 정확히 주교임명권. 이것은 오랫동안 황제와 교황 사이의 권력투쟁에 중요한 대상이었음. 사전적 해석으로는 Bekleidung mit dem bischöflichen Amt.

을 붓고 왕관을 씌우는 일 외에는 어떤 권한도 소유해서는 안 됩니다. 차후로는 황제가 교황의 발에 입을 맞추거나 그의 발아래 앉거나, 또는 소문처럼 교황이 말을 타기 위해 안장에 앉을 때에 등자와 말고삐를 붙잡게 하는 악마 같은 오만불손을 결코 용인해서는 안 될 것입니다. 나아가 마치 교황들이 그런 권리라도 있다는 듯이 뻔뻔스럽게 요구하려는 교황에 대한 경의와 충성의 맹세는 더더욱 있어서는 안 될 것입니다. 교황의 권위를 황제의 권위보다 높이고 있는 **솔리테**Solitae[66]라는 장章이 있는데, 그것은 일고의 가치도 없습니다. 그리고 이것에 근거를 두거나 이를 두려워하는 모든 사람 역시 마찬가지입니다. 내가 전에 라틴어로 써서 입증한 것[67]처럼 그것은 성스러운 하느님의 말씀을 왜곡시켜서 자신들의 망상으로 몰고 가거나 강요하려는 행위와 다르지 않기 때문입니다.

교황의 이런 과도하고 주제넘고, 불법적인 행위들은 악마가 고안해낸 것으로, 악마는 차차 적그리스도를 끌어들여서, 이미 많은 사람들이 실행해 왔던 것처럼 교황을 하느님 위에 놓으려고 획책합니다. 따라서 설교와 사면 같은 영적 직무의 경우를 제외하고는 교황을 세상권력보다 높이는 것은 마땅하지 않습니다. 바울이 로마서(13, 1)에서, 베드로가 베드로 첫째(2, 13)에서 가르치고 있듯이, 다른 일들에 있어서는 교황이 세상권력에 따라야 합니다. 이에 관해서는

66_ 세상권력을 영적 권력의 아래에 둔다는 것을 골자로 하는 교회법.

67_ 라이프치히 논쟁에서 다루어진 교황의 권위에 관한 글. 루터는 교황의 전권Vollmacht을 인정하지 않았고, 오직 그리스도만이 이 지상에서도 교회의 머리가 되신다고 주장한 바 있다.

나 역시 앞에서 이미 말한 바 있습니다.

교황은 하늘에 계신 그리스도의 대리인이 아니라, 지상에서 걸어 다니신 그리스도의 대리인입니다. 왜냐하면 하늘에 계신 그리스도는 통치형식에 있어서 대리인이 필요치 않고, 앉아서 모든 것을 보고 행하고 알고, 무엇이든 할 수 있는 능력을 가지고 계시기 때문입니다. 그러나 지상에서 걸어 다니며 일하고 설교하고, 고난을 당하고 죽으신 그런 봉사의 형식에서는 대리인을 필요로 하십니다. 그럼에도 불구하고 로마의 일당들은 이를 뒤엎었습니다. 그들은 그리스도에게서 하늘의 통치형식을 빼앗아 교황에게 주고, 땅에서의 봉사형식은 완전히 없어지도록 방치하고 있습니다. 교황은 반反그리스도Widerchrist가 될지도 모릅니다. 성서에서는 그런 자를 적그리스도라고 칭합니다. 그의 모든 태도와 일, 행동은 그리스도에 역행하고 있어서, 그리스도의 태도와 일을 파괴하고 전멸시키는 데만 일조하고 있습니다.

교황이 이런 기만적이고 전도된 근거에 따라 '목회Pastoralis'라는 교서에서 황제의 자리가 공석이 된다면 자신이 제국의 합법적인 상속자라고 자랑하는 것 역시 가소롭고 유치합니다. 누가 그에게 그런 권리를 주었단 말입니까? "이방인들의 왕들은 주主이지만, 여러분들은 그래서는 안 됩니다"[68]라고 그리스도께서 말씀하실 때 주셨단 말입니까? 베드로가 그에게 이런 것을 물려주었습니까? 모든 것이 악

68_ 루가(22, 25 이하).

마의 거짓말임에도 불구하고, 우리가 교회법에서 이런 뻔뻔하고 조야하고 광기 어린 거짓말을 읽고 가르쳐야 하며, 또한 기독교의 교리로 지켜야 한다는 것이 나는 매우 역겹습니다.

콘스탄티누스 황제의 기증서De donatione Constantini[69]에 관한 전대미문의 거짓말도 참으로 같은 방식입니다. 분별력을 지닌 많은 사람들이 그토록 조야하고 엉터리 같은 거짓말에도 불구하고 그 거짓말을 받아들이도록 설득을 당했다는 것은 틀림없이 하느님이 내린 어떤 특별한 형벌 때문입니다. 나는 술에 취한 농부라도 이보다는 더 교묘하고 능숙하게 속일 수 있으리라고 생각합니다. 어떻게 제국을 통치하면서 동시에 부단히 설교하고 기도하고 연구하고, 불쌍한 사람들을 보살필 수 있겠습니까? 이런 직무들이야말로 교황 본연의 임무에 속하는 것으로, 이는 그리스도께서 길을 떠날 때 겉옷이나 돈을 지니고 가지 말라고 명하실 만큼 진지하게 부과된 일들입니다(마태(10, 10)). 왜냐하면 단 한 가정이라도 다스려야 할 사람은 이런 직무들을 거의 보살필 수 없기 때문입니다. 그러나 교황은 제국을 통치하려 하면서도 계속 교황으로 있고자 합니다. 교황의 이름으로 세상의 주가 되려 하고, 교황과 그리스도의 이름을 통하여 파괴된 로마 제국을 과거의 상태로 복원하려는 시도는 악한들이 고안해낸 것입니다.

69_ 토지 기증에 관한 문서로, 이를 가지고 교황들은 세상권력보다 자신들의 권세가 우위에 있음을 주장했다. 그러나 1440년 인문학자인 로렌초 발라Lorenzzo Valla(1406~1457)는 이 문서가 가짜임을 폭로하고 교황의 세속지배권이 뻔뻔스런 거짓임을 밝혔다.

<10>

교황은 스스로 자제하여 욕심을 버리고 나폴리 왕국과 시칠리아 왕국[70]에 대하여 어떤 요구도 하지 말아야 합니다. 교황이 그렇게 할 권리는 나 정도에 불과합니다만, 그럼에도 그는 그곳의 통치자가 되려 합니다. 이런 행위는 거의 다른 모든 재산들의 경우처럼 약탈과 폭력에 해당합니다. 황제는 나폴리와 시칠리아가 교황의 영지가 되도록 허용해서는 안 됩니다. 그런데 만일 허용했다면 더 이상은 동의하지 말고, 그 대신 교황에게 성서와 기도서를 제시해야 합니다. 그래야 교황은 자신에게 주어진 것이 아닌 땅과 백성을 세상권력이 다스리도록 할 것이며, 그제야 설교하고 기도하게 될 것입니다.

볼로냐, 이몰라, 비첸차, 라벤나, 안코나 변경과 로마그나 및 다른 벨쉬[71] 지방에서 교황이 강탈하여 불법으로 소유하고 있는 모든 것이 마찬가지라고 하겠습니다. 더구나 교황은 그리스도와 성 바울의 모든 계명을 어기고 이런 일에 관여해 왔습니다. 그러므로 바울은 디모 둘째(2, 4)에서 이렇게 말하고 있습니다. "신성한 기사의 일을 맡아야 할 사람은 세상사에 연루되지 아니합니다." 이제 교황은 이런 기사들의 머리와 1인자가 되어야 하는데도, 어떤 황제나 왕보다 더 세상사에 관여하고 있습니다. 그러므로 우리는 교황으로 하여금 세상사에서 빠져 나오게 하고, 자신의 기사 일에 전념하도록 해

70_ 독일과 사이가 나빴던 교황 니콜라우스 2세 이후로 교황들은 이 지역에서 부당하게 통치권을 요구해왔다.

71_ 각주 28 참조.

야 합니다. 그리스도께서도 대리인의 영광을 찬양하고 계시지만, 그럼에도 결코 세상의 통치에 연관되는 것을 원치 않으셨습니다. 그리스도께서는 자기 형제에 대한 판정을 요구하는 사람에게 물어보시길 "누가 나를 그대의 재판관으로 세웠습니까?" [루가(12, 14)] 라고 하셨습니다. 그러나 교황은 부름을 받지도 않고 달려들어가 마치 자신이 하느님인 양 모든 것을 감행합니다. 그리하여 스스로가 그리스도의 대리인임을 자처하면서도, 정작 그리스도가 어떤 분인지를 그는 더 이상 알지 못합니다.

<11>

교황의 발에 입을 맞추는 일은 더 이상 있어서는 안 됩니다. 한 가련한 죄인이 자신보다 100배나 더 훌륭한 사람으로 하여금 자기 발에 입을 맞추게 하는 것은 비기독교적인 행위, 아니 반기독교적인 행위입니다. 만일 이것이 교황의 권위에 경의를 표하기 위해 행해진다면, 왜 교황은 다른 사람들, 그들의 거룩함에 경의를 표하여 그렇게 행하지 않는 것입니까? 그리스도와 교황 두 사람을 비교해 보십시오. 그리스도께서는 오히려 제자들의 발을 씻겨주고 닦아주셨습니다 [요한(13, 1 이하)]. 그런데도 제자들은 그리스도의 발을 씻겨드리지 않았습니다. 교황은 그리스도보다 더 높다는 듯 사태를 전도시키고, 큰 호의라도 베풀듯이 자기 발에 입 맞추게 합니다. 하지만 교황은 어느 누가 자신의 발에 입을 맞추려 한다면, 그런 행위를 못하도

록 전력을 다해 막는 것이 당연합니다. 이는 바울과 바나바가 루스트라 사람들에게 자신들을 신으로 숭배하지 못하게 하고, 오히려 "우리도 여러분과 같은 사람들입니다"〔사도(14, 14)〕라고 외친 것과 같습니다.

그러나 우리의 아첨꾼들은 한 걸음 더 나아가 우리에게 우상을 만들기까지 하였습니다. 그리하여 이제는 어느 누구도 하느님을 교황만큼 두려워하지 않으며, 어느 누구도 하느님에게 교황만큼 존경을 표하지 않습니다. 이들은 아마 모든 일은 참을 수 있어도, 교황의 화려함이 털끝만큼 손상을 당하면 그것은 도저히 참지 못할 것입니다. 만일 교황과 그의 추종자들이 진짜 기독교도로서 하느님의 명예를 자신들의 명예보다 더 귀하게 여긴다면, 이들은 하느님의 명예가 멸시를 당하고 교황의 명예가 높아지는 것을 인지하면서 결코 즐거워하지는 않을 것입니다. 요컨대 교황은 하느님의 명예가 다시 높아져 그 자신의 명예보다 더 크다는 것을 확인하기 전까지는 그 누구에게도 자신을 존경하게 해서는 안 됩니다.

다음과 같이 가증스러운 행태도 마찬가지로 대단히 사악한 오만불손에 해당합니다.[72] 즉, 교황은 말을 타거나 마차에 타는 것을 만족스러워 하지 못하고, 강하고 건강함에도 불구하고 휘황찬란하게 우상처럼 사람들에 의해 운반되고 있는 것입니다. 도대체 이런 악마적인 오만불손이 어떻게 모든 사도들과 함께 걸어 다니신 그리스도

72_ 이 단락 이하 다음 두 단락은 루터가 초판이 나오고 불과 며칠 뒤 제2판에서 보충하여 끼어 넣은 것이다.

와 일치하겠습니까? 세상의 어떤 왕도 일찍이 세상의 화려함을 경멸하고 피하지 않으면 안 되는 사람들의 머리가 되려는 교황처럼 그렇게 세속적이고 화려하게 행차를 한 예가 없었습니다. 이런 사람이 과연 기독교인이란 말입니까? 우리가 이런 오만불손에 아첨하고 분노를 드러내지 않는다면, 그 자체가 우리의 마음을 흔들어서는 안 되며, 오히려 우리는 마땅히 하느님의 노여움을 두려워해야 합니다. 교황이 이렇게 날뛰고 바보짓을 하는 것으로 충분합니다. 하지만 우리까지도 이를 용인하고 허가하는 것은 너무나 지나친 일입니다.

교황이 영성체를 거행하려 할 때, 고상한 귀공자처럼 조용히 앉아서 추기경이 무릎을 꿇고 허리를 숙여 금관으로 가져다주는 성찬을 받는 것을 어찌 기독교인이 즐거운 마음으로 볼 수 있고 보아야 하겠습니까? 가장 거룩한 아버지인 교황보다 훨씬 더 거룩한 다른 모든 기독교인들이 성찬을 지극히 경건한 태도로 받는데, 악취를 풍기는 불쌍한 죄인인 교황은 마치 자리에서 일어서서 하느님께 영광을 돌릴 만한 가치조차 없다는 듯 행동합니다. 만일 하느님께서 우리 모두에게 재앙을 내리신다면, 그것이 무슨 신기한 일이겠습니까? 당연한 것이 우리는 고위성직자들에게서 일어나는 이런 하느님에 대한 불명예를 묵인하고 찬양까지 하면서 또한 우리의 침묵이나 아첨을 통하여 이런 저주받을 오만불손에 동참하고 있기 때문입니다.

교황이 행진을 하면서 성찬을 나를 때에도 마찬가지입니다. 교황이야 이동하지 않을 수 없지만, 무슨 이유로 성찬은 식탁 위의 포도주 잔처럼 그의 앞에 있어야 하는지 알 수가 없습니다. 한 마디로 로마에서 그리스도는 아무것도 아닌 존재인데 반해, 교황은 최고의 존재로 추앙을 받습니다. 그럼에도 불구하고 그들은 하느님과 모든 기독교 교리를 거스르며 우리로 하여금 이런 반기독교적인 죄들을 시인하고 찬양하고 존경하라고 강요하고 위협합니다. 하느님, 이제 자유로운 공의회를 도와주소서! 교황도 하나의 인간이며, 그가 감히 하느님이 되려고 하지만 하느님 이상의 존재가 아니라는 것을 그에게 가르쳐 주소서!

<12>

로마 순례는 폐지되는 것이 바람직합니다. 더욱이 호기심 내지 순간적 충동으로 순례하는 것을 그 누구에게도 허용하지 말아야 합니다. 만일 어떤 사람이 허락을 받으려면, 그는 사전에 자기 교구의 사제나 시 당국자, 군주로부터 순례를 떠나기 위한 충분하고 정당한 사유가 있다는 것을 인정받아야 합니다. 내가 이렇게 말하는 것은 순례가 나쁘기 때문이 아니라, 현재 좋지 않은 결과가 자주 발생하기 때문입니다. 순례자들은 로마에서 좋은 본보기를 보는 것이 아니라 나쁜 것만을 봅니다. 그리하여 그들은 "로마에 가까우면 가까울수록, 기독교인이 더 나쁘게 된다"는 격언까지 스스로 만들어냈습니다. 그들은 하느님과 그분의 계명에 대해 경멸하는 마음이 되어 돌아옵니다. 사람들은 종종 이렇게 말합니다. 처음으로 로마에 가는 사람은 무용함을 찾고, 두 번째는 악한을 발견하며, 세 번째는 그를

집으로 데리고 온다는 것입니다. 그러나 지금 그들이 너무 영리해져 그 세 번의 여행에서 얻은 것을 단번에 해결하면서, 참으로 로마를 전혀 보지 않았거나 알지 못했다면 더 좋을 그런 것들을 우리에게 가져왔습니다.

설령 이런 것이 아니라 해도, 다른 더 특별한 이유가 있습니다. 즉 순박한 사람들은 이 순례를 통해 그릇된 공상과 하느님의 계명에 대한 오해에 빠져들고 있습니다. 왜냐하면 그들은 이렇게 순례를 하는 것이 값지고 착한 일이라고 생각하는데, 이는 사실이 아니기 때문입니다. 하느님은 이런 것을 명하지 않으셨기에, 이는 아주 사소한 선행이며, 대체로 악하고 미혹을 일으키는 일입니다. 오히려 하느님은 우리에게 가장으로서 아내와 자식들을 돌보고, 결혼생활에 필요한 것을 행하고, 나아가 이웃에게 봉사하고 도움을 줄 것을 명하셨습니다. 그런데 현재 사람들은 아무 허락도 받지 않고 로마로 순례를 떠나 50굴덴 내지 100굴덴 정도의 돈을 소비합니다. 반면에 고향에서는 처자식, 또는 그의 이웃이 가난에 시달리도록 그냥 방치합니다. 그런데도 이 어리석은 사람은 하느님의 계명에 대한 이런 불순종과 경멸을 자의적인 순례로 위장할 수 있다고 생각합니다. 이런 행위는 정말 불경不敬이거나 악마의 유혹임에도 말입니다. 그런데 교황들은 그릇되고 조작된 엉터리 **황금의 해**das goldene Jahr[73]를 만들어서 이를 조장하고, 민중들을 자극하여 하느님의 계명에서 떨어져

73_ 교황권의 우위를 주장하던 보니파티우스Bonifatius 8세(보니페이스 8세)에 의해 1300년 이후에 도입된 '거룩한 해'를 말한다. 이때부터 면죄부 제도가 노골화되기 시작한다.

나가도록 선동함으로써 자신들의 유혹적인 모험으로 그들을 끌어들였습니다. 이렇게 교황들은 하지 말아야 할 것을 실행에 옮겼습니다. 그러나 이는 돈을 축적하는 계기가 되었고, 또한 사악한 권세를 강화하였습니다. 그리하여 그들은 하느님 또는 영원의 구원에 역행하면서까지도 이런 일을 계속해 나가지 않으면 안 되었습니다.

순박한 기독교인들에게서 이런 그릇되고 유혹적인 신앙을 근절하고 선행에 대한 참된 이해를 다시 세우기 위하여 모든 순례를 폐지하지 않으면 안 됩니다. 왜냐하면 순례에는 좋은 일이라곤 전혀 없고, 계명이나 순종도 없으며, 오히려 죄와 하느님 계명에 대한 경멸의 무수한 기회가 있기 때문입니다. 이런 순례로 말미암아 무수한 악행을 행하고, 궁핍하지 않은데도 구걸을 배워 습관화된 많은 거지들이 생겨나게 됩니다. 그리고 여기서 삶의 방종과 그 이상의 한심한 일들도 생겨나지만, 지금은 이를 열거하지 않으려 합니다.

이제 만일 어느 누가 순례를 하거나 순례의 서약을 하려고 하면, 먼저 교구 사제나 군주에게 그 이유를 제시해야 합니다. 설령 그가 선행을 위하여 순례를 하려는 것이 밝혀질지라도, 사제나 군주는 서약과 선행을 악마의 환영으로 간주하여 냉정하게 짓밟아버려야 합니다. 오히려 사제나 군주는 순례에 드는 돈과 노력을 하느님의 계명을 지키는 일과 천배나 더 좋은 일, 즉 그 자신의 가족과 가난한 이웃들에게 사용하는 방법을 가르쳐 주어야 합니다. 그러나 만일 그가 새로운 나라나 도시들을 보려는 호기심에서 순례를 하려고 한다면, 그의 의도대로 순례를 허락하는 것이 좋습니다. 하지만 만일 그가 병에 걸린 상태에서 서약했다면, 서약은 금지되고 무시되어야 합니다. 반면에 하느님의 계명은 높이 떠받들어지도록, 차후에는 그가 하느님의 계명을 지키겠다고 했던 세례 때의 서약만으로도 만족스러워 해야 합니다. 그렇지만 그의 양심을 안정시키고 그의 어리석은 서약조차 이행될 수 있도록 이런 순례를 한 번 허용할 수도 있겠습니다. 그 누구도 하느님이 내린 계명의 바르고 보편적인 길을 가려 하지 않습니다. 모든 사람 스스로가 마치 하느님의 계명을 모두 완수라도 했다는 듯이 새로운 길과 서약을 만들어내고 있습니다.

<13>

다음으로 서약은 많이 하면서 적게 지키는 큰 무리에 대하여 논할 차례입니다. 경애하는 군주들이여, 노하지 마십시오. 나는 참으로 **탁발수도원**托鉢修道院[74]의 건립을 더 이상 허가해서는 안 된다고 생각하고 또한 주장합니다. 이는 쓰고도 달콤한 진리입니다. 하느님, 도와주소서, 이미 탁발수도원들이 너무나 많습니다. 하느님께서 원하신다면 이런 것들은 모조리 없어져도 좋을 것 같습니다. 아니면 어쨌든 다수의 수도원을 두세 개의 수도회Orden로 모으는 것도 괜찮겠습니다. 지방을 떠도는 것엔 좋은 일이 없었고 지금도 그러합니다. 그

74_ 독일어로는 Bettlerklöster. 청빈과 엄격한 규율을 기본으로 하고 있으며, 스스로 노동과 걸식, 자선금만으로 운영하는 수도원. 그러나 1210년경 창설된 이후로 실제적인 운영문제로 늘 분란을 일으켜 왔다.

러므로 수도원 10개나 또는 필요한 만큼 모아서 동냥을 하지 않고 충분히 자급하는 하나의 수도회로 만들자는 것이 나의 충고입니다. 이에 대해서는 성 프란체스코, 성 도미니크, 성 아우구스투스[75] 또는 다른 어떤 사람이 어떻게 결정했는가 하는 것보다 전체 무리의 구원을 위하여 무엇이 시급한 것인지에 오히려 주목해야 합니다. 특히 사태가 기대했던 것처럼 잘 되지 못했기 때문입니다.

탁발승들은 주교들, 교구사제들, 교구 내지 당국의 요청과 부름을 받지 않는다면, 설교와 고해성사에서 면제되어야 합니다. 탁발승들의 설교와 고해성사는 사제와 수도사 사이의 증오와 시기심만을 키울 것이며, 일반 대중에게도 혐오감과 장애만을 초래할 것입니다. 또한 이런 것 없이도 우리는 잘 지낼 수 있으므로, 이를 중지하는 것이 바람직하고 당연한 시점에 이르렀습니다. 로마 교황청이 이런 큰 무리를 증가시킨 것은 뭔가 흑막을 지닌 것처럼 보입니다. 이는 교황청의 탄압에 울분을 참지 못하는 사제단과 주교들이 언젠가는 교황청도 감당할 수 없을 만큼 힘이 강해져서는 교황이 그토록 싫어하는 개혁을 시작하지 못하게 하기 위해서가 아닐까 합니다.

아울러 하나의 수도회에 존재하는 여러 가지 분파와 차별도 폐기되어야 합니다. 이들은 때때로 아주 사소한 이유에서 파생하고 있으며, 이들은 한층 더 사소한 이유 때문에 형용할 수 없는 증오와 시

75_ 수도회를 설립한 주요 성자들의 이름. 프란체스코회의 경우 창립 100년 안에 3~4만의 회원으로까지 수도사 수가 늘었으나 '청빈'의 해석을 두고 분파가 갈리면서 분규가 오랫동안 지속되었다.

기심을 보이며 서로 싸우면서 명맥을 유지해 왔습니다. 그럼에도 불구하고 이 모든 차별 없이 존속할 수 있는 기독교 신앙은 양편에서 무너지고 있으며, 선한 기독교인의 생활은 오직 외적인 법칙과 행위, 방식에 따라서만 평가되고 추구되는 실정입니다. 이로부터 누구나 목격하듯이 위선과 영혼의 파멸만이 일어나고 조장됩니다.

교황이 이런 수도회를 더 많이 세우고 비준하는 것도 역시 금지되지 않으면 안 됩니다. 정말이지 몇몇은 아주 없애고, 그 수를 줄이도록 교황에게 명령하지 않으면 안 됩니다. 왜냐하면 최고의 선이자 수도원 없이도 존립할 수 있는 그리스도의 신앙은 적지 않게 위협을 당하기 때문입니다. 더욱이 이런 여러 가지 행위와 방식을 통하여 사람들은 신앙을 중시하기보다는 행위와 방식을 더 중시하며 살도록 유혹당하기 십상이기 때문입니다. 만일 수도원들에게 수도회의 규칙보다는 신앙을 설교하고 실행하는 현명한 고위성직자들이 없다면, 그 수도회는 행위만을 중시하는 소박한 영혼들에게 해를 끼치고 그들을 미혹에 빠지게 할 것입니다.

그러나 현재로서는 굳건한 신앙을 가지고 각지에서 수도회를 설립한 고위성직자들은 거의 다 죽었습니다. 이는 흡사 예전에 이스라엘의 자손들 중에서 하느님의 일과 기적을 알고 있던 족장들이 죽었을 때, 다음 후손들이 하느님의 일과 신앙을 알지 못하여 바로 우상을 숭배하고 그들 인간의 일을 곧추 세우게 된 것과 같습니다. 이런 식으로 현재 수도회들은 유감스럽게도 하느님의 일과 신앙에 대해 잘 이해하지 못하는 지경에 이르렀습니다. 다만 그들의 규칙과 법과 방식에 의거하여 애써 노력하면서 스스로를 참담하게 고문할 따름이지만, 그럼에도 사도 바울이 디모데 둘째(3, 5와 7)에서 선포했던 선한 영적 삶에 대해서는 제대로 이해하지 못하고 있습니다. 바울은 말합니다. "영적 삶의 외양은 있으나 그 배후에는 아무것도 없으며, 그들은 언제나 항상 배우고 있으나 무엇이 진정 영적인 삶인지는 알지 못합니다." 그러므로 기독교 신앙에 체험이 많은 영적 고위성직자가 수도원을 다스릴 수 없다면, 그 수도원은 없는 것이 더 나을 것입니다. 이유인즉 신앙심이 적은 고위성직자가 다스릴 경우 손상과 파멸만을 가져올 것이며, 그가 외적인 활동에서 더욱 거룩하고 선한 삶을 사는 것처럼 보이면 보일수록 한층 더 그럴 것이기 때문입니다.

특히 오늘날처럼 위험한 시대에는 모든 교회시설과 수도원들이 처음 사도 시대와 그 이후의 오랜 기간에 있었던 방식으로 재정비될 필요성이 있다고 나는 생각합니다. 과거에는 이런 시설과 수도원들이 모든 사람들에게 개방되었으며, 누구나 원하면 그곳에 머물러 있을 수가 있었습니다. 이런 시설과 수도원들이 성서와 기독교적 기율을 가르치고, 또 사람들에게 다스리고 설교하는 법을 교육시키는, 요컨대 기독교 학교 이외에 무슨 존재 가치가 있었겠습니까? 성 아그네스Agnes[76]가 학교에 다닌 것을 우리가 책으로 읽어 알듯이, 아직

76_ 기독교에서 가장 유명한 순교자의 한 사람으로, 전설에 따르면 아그네스는 소녀시절 청혼을 받자 예수 그리스도 외에는 배우자를 둘 수 없다고 거절했다고 한다. 기독교도 박해자로 유명한 로마의 디오클레티아누스에게 처형을 당했다.

도 우리는 크베들린부르크Quedlinburg[77] 등지의 몇몇 수녀원에서 학교로서의 기능을 보고 있습니다. 진실로 모든 교회시설들과 수도원들이 강요된 봉사가 아니라 자유의지에 따라 하느님을 섬기도록 자유로워져야 합니다.

그러나 뒤에는 교회시설과 수도원들이 서약에 꼼짝없이 사로잡혀서 영원히 감옥으로 전락해버렸고, 이때부터 이 서약은 세례의 서약보다 더 영향력 있는 것이 되었습니다. 그러나 이로부터 어떤 결과가 발생했는지 우리는 날마다 점점 더 보고 듣고 읽고 체험합니다. 이런 나의 충고는 아주 어리석은 것으로 여겨지리라 생각됩니다만, 나는 지금 이런 것에 대해 묻는 것이 아닙니다. 나는 최선이라고 생각되는 것을 충고하고 있습니다. 거부하고 싶은 사람은 거부하십시오. 나는 서약, 특히 **순결의 서약**das Gelübde der Keuschheit이 어떻게 지켜지고 있는지 잘 알고 있습니다. 순결의 서약은 이런 수도원들을 통하여 보편화되었지만, 그리스도께서는 명하지 않으신 것입니다. 오히려 그리스도 자신과 성 바울이 말하는 바와 같이 이는 극히 소수에게만 지켜지도록 주어져 있습니다. 나는 누구나 이 성서 말씀의 도움을 받기를 원하며, 또한 기독교인들의 영혼이 인간 자신이 고안해낸 방식과 법칙에 부디 사로잡히지 않았으면 합니다.

77_ 독일 중부 작센안할트 주에 있는 세계문화유산 등록 도시. 루터는 이 수녀원을 중요한 교육기관으로 생각했다고 한다.

<14>

우리는 또한 사제들이 얼마나 타락했으며, 또한 얼마나 여러 가련한 사제들이 처자식들에 의한 부담으로 양심의 가책에 시달리고 있는지 알고 있습니다. 하지만 그들을 돕는 것이 매우 용이함에도 불구하고 그들을 돕기 위해 뭔가 하는 사람은 하나도 없습니다. 교황과 주교들은 사태를 되는 대로 방치하며, 심할 경우에는 부패에 이르도록 놓아두기도 합니다. 그렇지만 나는 나의 양심을 구원하고, 내 입을 자유롭게 열고자 합니다. 나의 행위가 교황과 주교들, 또는 다른 사람들의 마음을 상하게 할지도 모르지만, 이렇게 하고자 합니다.

바울이 디도서(1, 5)에서 공언하는 바와 같이, 나는 그리스도와 사도의 지정에 따라서 각 도시는 한 명의 신부나 주교가 있어야 한다고 생각합니다. 그리고 신부는 아내 없이 살도록 강요받아서는 안 되며, 오히려 한 아내를 가질 수 있어야 합니다. 이는 바울이 디모데 첫째(3, 2)와 디도서(1, 6 이하)에서 말하고 있는 것과 같습니다. “주교는 비난받을 것이 없는 사람으로서 한 아내의 남편이어야 하며, 그의 자손들은 순종하고 행실이 단정해야 합니다.” 왜냐하면 바울의 경우 성 히에로니무스Hieronymus[78]가 입증하듯이 주교와 신부가 한 가지의 것ein Ding이기 때문입니다. 그러나 현재의 주교들은 성서와 아무 관계도 없으며, 그들은 주교 한 사람이 많은 신부들을 다스린

78_ 서구 교회의 4대 교부 가운데 한 사람(347~420)으로 성서를 라틴어로 번역한 것으로 유명하다. 여기서는 디도서에 대한 그의 해석을 의미한다. 정확한 이름은 Eusebius Sophroius Hierinymus.

다는 기독교의 일반 법령에 의해 결정되었을 뿐입니다.

그러므로 우리는 다음과 같은 점을 사도로부터 명백히 배울 수 있습니다. 즉, 모든 도시가 회중에서 박식하고 경건한 시민을 택하여 그에게 성직을 맡기고, 교회의 비용으로 그를 부양하며, 또 결혼을 하든지 안 하든지 자유의지를 그에게 허용하자는 것입니다. 이렇게 발탁된 사람은 결혼하든 안 하든 자의에 맡겨진 몇몇 신부나 부제副祭를 두어 자신을 도와 설교와 성사聖事를 행함으로써 무리와 회중을 다스리게 해야 합니다. 아직도 그리스 교회에는 이런 관습이 남아 있습니다. 한편 너무나 많은 박해와 이단자들과의 논쟁이 일어난 근자에 와서는 자발적으로 결혼을 포기하는 거룩한 신부들이 많이 나오게 되었는데, 이는 보다 더 연구에 열중하고 언제든 죽음과 논쟁에 대비하기 위함이었습니다.

이때 로마 교황청은 자기 월권적으로 이 문제에 개입하여 **사제들의 결혼**을 금지하는 일반적인 율법을 만들어냈습니다. 이를 명령한 것은 바울이 디모데 첫째 4장(1, 3)에서 고지하고 있듯이 바로 악마입니다. 바울은 "악마의 가르침을 가져와서 결혼을 금하는 교사들이 나타날 것입니다"라고 했습니다. 이에 따라 셀 수 없이 많은 불행이 일어나고, 급기야는 희랍 교회가 탈퇴하는 원인이 되었으며, 불화, 죄, 수치와 분노가 끝없이 뒤따르게 되었습니다. 이 모든 것은 악마가 시작하고 행한 것입니다. 그렇다면 이제 우리는 어떻게 해야 할까요?

나는 다시 자유롭게 결혼하도록 하고, 누구나 결혼을 하든 아니든 자유의사에 맡기자고 충고하는 바입니다. 그러나 이럴 경우 교회 자산에 대한 아주 다른 관리와 질서가 생겨야 하고, 기존 교회법은 모조리 파기되어야 하며, 또한 많은 영지들이 로마의 수중에 들어가지 않도록 해야 합니다. 탐욕이야말로 비천하고 기만적인 순결의 원인이요, 바로 그 결과 누구나 사제가 되려고 했고, 누구나 대를 이어 자식에게 공부를 시키려 했던 것 아닐까 우려가 됩니다. 사제직이 아니어도 순결하게 살아가는 것은 가능합니다만, 누구나 이런 의도에서가 아니라 노력과 수고 없이 손쉽게 먹고살려는 현세적인 의도에서 그렇게 해왔습니다. 이는 창세기 첫째(3, 19)에 나와 있듯이 "너는 네 얼굴에 땀을 흘림으로 밥을 먹게 되리라"는 하느님의 명령에 거스르는 행위입니다. 그들은 사제직과 관련하여 마치 기도를 올리고 미사를 드리는 것만이 그들의 일인 양 한쪽으로만 해석합니다.

나는 여기서 교황, 주교, 주교좌 참사위원Stiftspfaffen, 성직자들을 고려의 대상으로 삼는 것이 아닙니다. 하느님은 이런 직책들을 지정한 적이 없습니다. 그들 스스로가 짐을 짊어졌다면, 그렇게 놔두는 것이 좋습니다. 나는 회중 가운데 살면서 실제적 관리를 담당하며 설교와 성사로 회중을 다스려야만 하는 사제직, 하느님께서 지정한 직무에 대해서만 말하려고 합니다. 교회의 공의회는 이런 직무를 맡은 사람들에게 유혹과 죄를 피하도록 결혼할 수 있는 자유를 부여해야 합니다. 그럴 것이 하느님께서는 이들을 속박하지 않으셨으므로, 그 누구도 이들을 속박해서는 안 되며, 속박할 수도 없기 때문입니다. 하늘에서 온 천사도 그럴 수 없는데 하물며 교황이야 말할 것도 없습니다. 그리고 교회법으로 금지하고 있는 것은 꾸며낸 이야기이거나 헛소리에 불과합니다.

한 가지 더 충고를 하겠습니다. 차후로는 사제직을 받거나 다른 어떤 경우에, 당사자는 주교에게 순결을 지키며 살 것을 어떤 식으로든 약속하지 말아야 합니다. 오히려 그는 주교에게 이런 서약을 요구할 권리가 없고, 이런 것을 요구하는 것은 사악한 압제라고 항변해야 합니다. 그러나 만일 몇몇 사람들이 하는 것처럼 '인간의 연약함이 허락하는 한quantum fragílitas humana permíttit'[79]이라고 말할 수밖에 없거나 말하고자 한다면, 누구나 이 말을 솔직하게 나는 금욕을 약속하지 않는다는 부정적 의미로 해석해도 무방합니다. 왜냐하면 인간의 연약함은 금욕적으로 사는 것을 허락지 않고, 다만 천사의 힘과 하늘의 능력만이 그것을 허락하기 때문입니다. 따라서 누구나가 그 모든 서약 없이 양심을 자유롭게 지니고 있도록 해야 합니다.

현재 미혼자가 결혼해야 할지 말아야 할지의 문제에 대해서는 이렇다 저렇다 말하지 않겠습니다. 나는 이에 관해서는 일반적인 기독교인의 질서와 각자의 더 사려 깊은 판단에 맡기겠습니다. 그러나 지금 아내가 사제의 창부라고 불리고 자녀들이 사제의 자녀라고 비방을 당하여 수치와 양심의 가책에 시달리는 가련한 무리들에게는 성실한 충고를 마다하지 않을 것이며, 동시에 그들에게 심심한 위로를 표하고자 합니다. 나는 나의 권리로서 이렇게 기탄없이 말하는

79_ 독일어로 번역하자면 soweit es die menschliche Schwachheit gestattet.

것입니다.

우리는 나무랄 데 없고 경건함에도 불구하고 마음이 나약하여 여자관계가 불미스럽게 된 사제들을 종종 보곤 합니다. 하지만 만일 두 사람이 양심대로 할 수만 있다면, 공개적으로 수치를 당하게 될지라도 진심으로 결혼하여 함께 살기를 바라는 마음이었을 것입니다. 이 두 사람은 하느님 앞에서 확실히 결혼한 사람들입니다. 그리고 그들이 이렇게 생각하기에 함께 살게 된다면, 그들은 정말 양심을 구하는 것이라고 나는 말하는 바입니다. 그는 그 여자를 정식 아내로 받아들여 잘 보살피고, 또한 남편으로서 그녀와 성실하게 살아가기를 바라마지 않습니다. 교황이 그것을 원하는지 원하지 않는지, 그것이 교회법이나 세상법에 배치되는 것인지에 대해서는 개의치 마십시오. 영혼의 구원이 압제적이고 포악하고 오만방자한 법률들보다 더 중요합니다. 이런 법률들은 구원을 위하여 필요한 것이 아니며, 하느님의 명령으로 이루어진 것도 아닙니다. 우리는 자신들이 일하여 번 노임[80]을 이집트인들에게서 훔쳐온 이스라엘의 자녀들처럼 그렇게 행동해야 합니다. 또는 사악한 주인에게서 자신이 번 노임을 훔치는 종처럼 되어야 합니다. 당신도 이렇게 교황에게서 당신의 처와 자식을 훔치십시오.

이런 일을 감행할 만한 신앙이 있는 사람은 주저 없이 나를 따르

80_ 창세기 둘째(12, 35 이하).

십시오. 나는 그를 잘못 인도하지 않을 것입니다. 나에게 교황만한 권세는 없습니다만, 모든 죄와 위험에 관해 나의 이웃에게 충고하고 도울 수 있는 기독교인으로서의 권위는 있습니다. 그리고 나의 주장에는 그럴만한 근거와 이유가 있습니다.

첫째, 사제는 아내가 있어야 하는데, 그것은 심신이 약해서만은 아니고 오히려 가정이 필요하기 때문입니다. 사제가 — 교황의 허락에 따라 — 한 여자를 가질 수는 있으나 그 여자와 결혼하지 못한다면, 남녀를 홀로 있게 하면서 그들이 타락하는 것을 금지하는 것과 무엇이 다르겠습니까? 이는 짚과 불을 함께 놓고서 연기도 불도 내지 말라고 하는 것과 다를 바가 없는 것입니다.

둘째, 교황은 먹는 것, 마시는 것, 신체의 자연배출이나 살찌는 것을 금지할 권리가 없는 것처럼 이런 것을 명령할 권리가 없습니다. 그러므로 그 누구도 이 명령을 지킬 의무가 없습니다. 오히려 교황은 항명에 따른 모든 죄와 그로 인하여 상실된 모든 영혼, 그로 인하여 혼란에 빠지고 고통을 당하는 모든 양심에 대하여 책임이 있습니다. 어쩌면 교황은 오래전에 이미 누군가에 의해 세상에서 추방을 당해야 했는지 모르겠습니다. 그는 악마의 올가미로 아주 많은 가련한 영혼들을 교살했습니다. 어쨌든 나는 생전에 교황의 은총을 받은 사람들보다 죽을 때에 하느님께 더 큰 은총을 받은 사람들이 많기를 바랍니다. 교황이라는 직책과 그의 법령에서는 좋은 것이 나와 본 일이 없으며, 앞으로도 그럴 것입니다.

셋째로, 교황의 법령이 결혼을 반대하는데도 결혼생활이 그 법령에 거슬러 시작되었다면, 그의 법령은 끝이 난 셈이고 더 이상 효력이 없는 것입니다. 왜냐하면 남녀가 갈라지지 말라는 하느님의 계명이 교황의 법령보다 우월하며, 교황의 명령으로 말미암아 하느님의 계명이 깨어지거나 무시되어서는 안 되기 때문입니다. 실로 얼마나 많은 광기의 법학자들이 교황과 더불어 **결혼장애물**impediménta[81]을 고안해내고, 그것으로 얼마나 결혼생활을 방해하고 깨트리고 혼란에 빠지게 하였습니까! 그로 말미암아 하느님의 계명은 완전히 무너져 내릴 지경에 이르렀습니다. 단적으로 말하자면 교황의 영적 법령에는 경건한 기독교인에게 교훈이 될 만한 것이 단 두 줄도 없습니다. 더구나 그릇되고 위험한 법령이 너무 많아서 한꺼번에 없애버리는 것처럼 좋은 일은 없을 것 같습니다.

그러나 만일 결혼이 마음에 걸리고 또 교황이 먼저 특례Dispens를 주어야 한다고 당신이 말한다면, 마음에 걸리는 것은 바로 어떤 권리도 없이 하느님에게 거슬러 이런 법령을 만든 로마교황청의 잘못 때문이라고 나는 말하겠습니다. 하느님과 성서 앞에서 그것은 마음에 걸릴 일이 아닙니다. 마찬가지로 교황이 돈을 벌 욕심으로 억압적인 법령에서 특례를 줄 수 있다면, 기독교인은 누구나 하느님과 영혼의 구원을 위하여 바로 그 법령에서 특례를 줄 수 있는 것입니다. 왜냐하면 그리스도께서는 우리를 모든 인간의 법령에서 해방시켜 주셨기 때문입니다. 특히 인간의 법령이 하느님과 영혼의 구원에

81_ 독일어로 Ehehindernisse.

배치될 때 그러합니다. 이는 바울이 갈라(5, 1)와 고린도 첫째[(9, 4 이하), (10, 23)]에서 가르치는 것과 같습니다.

<15>

나는 가난한 수도원들에 대해서도 언급해야겠습니다. 이제 인간의 법으로 모든 신분의 사람들을 혼란에 빠트리고 참을 수 없게 한 악령은 몇몇 수도원장과 수녀원장, 고위성직자들까지도 점유하였습니다. 그리하여 수도원의 형제자매들은 이들의 통치 아래 비참한 생활을 하면서 악마의 고문자들에 의해 지옥의 문턱에 곧바로 이르는 처지에 빠지고 말았습니다. 요컨대 이들은 고해告解에서 전부 또는 몇 가지 죽을 죄를 유보해 주었던 것으로, 이 죄들은 비밀이기 때문에 어느 수도사도 다른 수도사들의 파문과 복종의 위험을 사면해 주지 못합니다. 우리는 예전처럼 어디에서나 천사들을 보는 것이 아니라, 피와 살로 이루어진 인간들을 봅니다. 그들은 고위성직자들과 지정된 고해신부에게 비밀스런 죄를 고백하기보다는 오히려 파문과 위협을 감내합니다. 그들은 양심의 가책을 지니고 성사에 참여함으로써 성직불능의 위반자irreguláres가 되고, 더욱 참담한 지경에까지 이르게 됩니다. 아, 눈 먼 목자들이여, 미친 고위성직자들이여, 탐욕의 늑대들이여!

여기서 만일 죄가 공개되거나 알려진다면, 고위성직자만이 그 죄를 묻는 것이 정당하다고 나는 생각합니다. 그는 공개된 죄들에 대해서만 예외로 하고 유보할 수 있으며, 다른 죄들에 대해서는 그렇게 할 수 없습니다. 설령 그 죄가 어느 땐가 알려지고 알려질 개연성이 농후한 극악무도한 죄일지라도, 비밀스런 죄들에 대해서는 문죄問罪할 권한이 없습니다. 그리고 고위성직자가 이 죄들을 특례화한다면, 그는 폭군이 됩니다. 그는 이에 대한 권리도 없으면서 하느님의 심판에 참견하는 셈이 됩니다.

그러므로 나는 이런 신자들, 수도자들 및 수녀들에게 충고하는 바입니다. 만일 최상위의 성직자들die Obersten이 당신이 원하는 사람에게 당신의 비밀스런 죄를 고백하는 것을 허락하지 않는다면, 자신이 원하는 수도사나 수녀에게 그 죄를 이실직고하십시오. 하여 죄를 씻고 사면을 받은 뒤에 돌아가, 무엇이든 하고 싶고 또 해야만 하는 일을 하십시오. 사면받았다는 것을 확신하기만 하십시오, 그러면 고뇌가 사라질 것입니다. 그리고 파문과 범칙행위, 저들이 위협하는 어떤 것에 대해서도 우울해 하거나 번민하지 마십시오. 이런 것들은 더 이상 효력이 없습니다. 공개되거나 알려진 죄와 관련된 경우에만 유효합니다. 어느 누구라도 고백할 생각이 없다면, 그에게는 전혀 통용되지 않습니다. 그대 눈 먼 고위성직자여, 왜 그대의 위협으로 비밀 죄를 막고자 기도하는 것입니까? 하느님의 심판과 은총이 그대의 직속 사제들에게서도 이루어질 수 있도록, 그대가 공적으로 입증할 수 있는 것만을 이행하도록 하십시오. 하느님께서는 그들을 완전히 내버려두실 정도로 그들을 당신의 손에 전적으로 맡기신 것이 아닙니다. 아니, 당신에게 맡겨진 부분은 아주 미소할 따름입니다. 당신의 법규는 그냥 법규로 있게 하십시오. 그 법규를 하늘까지, 하느님의 심판의 자리까지 올리지 마십시오.

<16>

기념일들, **장례미사**Begängnis와 **영혼미사**Seelmesse[82]를 완전히 철폐하거나 또는 가급적 축소하는 것이 필요하리라 생각합니다. 왜냐하면 이런 것들은 웃음거리에 불과하고, 하느님을 진노하게 하는 짓이며, 돈과 폭식과 폭음만을 지향하는 무가치한 행위라는 것을 우리는 명백히 알고 있기 때문입니다. 쓸데없는 전야제Vigil[83]와 미사들을 낭독도 아니요 기도도 아닌 비참한 소리로 중얼거리는 것을 하느님께서 어떻게 기뻐하시겠습니까! 설령 그것이 기도라 해도 하느님을 위한 진정한 사랑으로부터가 아니라 돈을 위해 강요된 의무로부터 수행되는 것에 불과합니다. 진정한 사랑 속에서 행해지지 않는 일이란 하느님을 기쁘게 할 수 없으며, 하느님에게서 어떤 것도 얻을 수 없습니다.

우리가 보다시피 점점 더 오용되고 있는 모든 것, 하느님과 화해보다는 하느님을 노하게 만드는 모든 것을 폐지하거나 가급적 줄이는 일은 진정 기독교인의 의무입니다. 만일 어떤 교구단체나 교회,

82_ 이미 고인이 된 사람을 위한 기념미사 또는 예배.

83_ 큰 경축일 전날 밤에 행해지는 특별한 예배나 행사로, 크리스마스 이브 행사도 이에 속한다.

수도원이 모든 연중미사와 전야제들을 한데 모아서 하루에 걸쳐 진실함과 경건함과 굳건한 믿음을 가지고 모든 자선가들을 위하여 하나의 올바른 전야제와 미사를 드린다면, 그것이 내게는 더 좋을 것 같고, 하느님께도 더 기쁘고 좋은 일이 될 것입니다. 이렇게 하는 것이 경건함과 신앙 없이 해마다 수천 번 자선가를 위하여 특별미사를 드리는 것보다 나을 것입니다. 아, 경애하는 기독교인들이여, 하느님께서는 많은 기도를 좋아하는 것이 아니라 올바른 기도를 좋아하십니다. 그렇습니다, 마태(6, 7)에서도 나오듯이 하느님께서는 장황하고 말 많은 기도를 책망하시는 바, 저들은 그것으로 더 많은 고통만을 받게 될 뿐이라고 말씀하십니다. 그러나 하느님을 신뢰하지 못하는 탐욕스런 인간은 행여 굶어 죽기라도 할까봐 걱정되어 이런 짓거리를 자행하는 것입니다.

<17>

교회법에서 몇 가지 벌금형이나 징벌, 특히 악령이 날조했음에 틀림없는 **성사금지령**Interdikt[84]은 없어져야 합니다. 하나의 죄를 더 많고 더 큰 죄들을 가지고 사하고자 하는 것은 악마의 행태가 아닙니까? 하지만 하느님의 말씀과 예배를 묵살하거나 포기하는 것은 어떤 사람이 사제 하나 죽이는 것보다, 아니 20명의 교황을 단번에 죽

84_ 각주 21 참조.

이는 것보다 더 큰 죄입니다. 그러니 교회의 재산을 착복하는 정도야 아무것도 아닌 셈입니다. 이는 교회법에서 배우는 하나의 아름다운 덕행입니다. 교회법이 영적이라고 불리는 이유는 이것이 영에게서 나오지만 성령聖靈이 아니라 악령惡靈에게서 나오기 때문입니다.

파문은 성서가 그것을 사용하도록 지정하고 있는 곳 외에는 결코 사용되어서는 안 됩니다. 즉 올바른 신앙을 가지지 않은 자나 공적인 죄를 짓고 사는 자들에 대해서만 사용되어야 하며, 현세적인 재산을 위하여 사용되어서는 안 됩니다. 그러나 현재 사태는 전도되어 있습니다. 모든 사람들이 자기 좋을 대로 믿고 살아갑니다. 바로 이런 사람들 대부분이 파문을 가지고 다른 사람들을 착취하고 모독합니다. 그리고 모든 파문은 지금 현세적인 재산을 위해서만 행해지고 있습니다. 거룩한 영적 불법[85]이야말로 재산 축적의 근원지입니다. 이에 관해서는 이전의 논설Sermon[86]에서 보다 상세히 언급한 바 있습니다.

다른 징벌과 벌금형, 예를 들어 **성직정지**Suspension,[87] **범칙제도**Irreguralität, **가중처벌**Aggravation, **재가중처벌**Reaggravation, 면직, 번개, 벼락, 저주, 영겁의 벌, 그리고 그 밖에 조작된 온갖 형벌들은 모두 땅속 깊이 묻어버려야 합니다. 그리하여 지상에 그따위 이름과 기억도 존재하지 않도록 해야 합니다. 교회법을 통하여 제멋대로 풀려버

85_ 비판적인 아이러니의 표현. 독일어로는 das heilige, geistliche Unrecht.

86_ 루터는 〈파문의 힘에 관하여Über die Kraft des Bannes〉라는 글을 1518년 9월에 발표하였다.

87_ 성직기능을 수행하기 위한 잠정적 권리정지.

린 악령은 거룩한 기독교의 하늘나라에 이런 무서운 재앙과 번뇌를 가져왔으며, 그것으로 영혼의 파멸과 장해만을 야기하였습니다. 이에 관해 마태복음(23, 13)에 나오는 다음 그리스도의 말씀은 우리들의 이해를 명료하게 해줍니다. "너희들 성서학자들에게 화가 있으리라! 너희는 가르칠 권위를 얻었으나 사람들 앞에 있는 천국의 문을 닫았다. 너희들 자신도 들어가지 않고, 들어가는 사람들의 길목도 가로막고 있다."

<18>

우리는 모든 축제일을 폐지하고 주일만 유지해야 합니다. 그러나 성모의 축일과 위대한 성자들의 축일을 존속시키고 싶다면, 그날을 주일로 옮기거나 아침 미사에만 거행되도록 해야 합니다. 그 이후 온종일은 노동일이 되어야 할 것입니다. 까닭인즉 축제일은 폭음, 도박, 무위도식 및 온갖 죄에 의한 남용이 진행됨으로써, 우리는 다른 날보다 이 성스러운 날에 하느님을 더 노엽게 하기 때문입니다. 실로 전말이 뒤바뀌고 말았습니다. 즉 거룩한 날은 거룩하지 않고, 노동일이 오히려 거룩하며, 또한 거룩한 날들이 찾아와도 하느님과 성자들에 대한 예배가 생략됨으로써 큰 불명예만 생겨나고 있습니다. 심지어 몇몇 광적인 고위성직자들은 맹목적인 열정에 따라 성 오틸리엔Ottilien이나 성 바르바렌Barbaren을 위하여 축제를 행하면, 자신들이 정말 선행을 행했다고 생각합니다. 하지만 만일 이들이 성

자의 날을 노동일로 바꾸어 성자에게 존경을 표한다면, 아마 훨씬 더 좋은 일을 행한 셈이 될 것입니다.

게다가 일반인은 영적 손상 이외에 이중의 육체적 손상을 받는데, 그는 자신의 일을 등한히 하고 보통 때보다 더 많이 먹어치웁니다. 아니, 그는 자신의 몸을 약화시켜 노동에 부적합하게 합니다. 우리는 이런 것을 매일 보지만, 개선하려고 하는 사람은 하나도 없습니다. 여기서 우리는 교황이 축제를 제정했는지 안 했는지, 또는 우리가 축제를 생략하려면 면제와 허가를 받아야만 하는지에 대해서는 고려의 여지도 없습니다. 하느님의 뜻을 거스르고 인간의 영혼과 육체에 해로운 것이라면, 어느 공동체나 의회, 당국이든 상관없이 그 모두가 교황이나 주교의 뜻에 반해 이를 폐기하고 저지할 권능이 있는 것입니다. 교황과 주교가 원하든 아니든, 영혼의 구원이 문제시된다면 우리는 이런 것을 막아야 할 책임이 있습니다. 물론 교황과 주교야말로 이런 것을 막아야만 할 첫 번째 사람들이라는 것은 거론할 필요조차 없습니다.

무엇보다 우리는 교회 헌당식獻堂式을 완전히 없애야만 할 것입니다. 당연한 것이 헌당식은 선술집과 시장판, 도박장밖에 되지 않으며, 나아가 하느님께 불명예를 더하게 하고 영혼의 파멸만을 초래하기 때문입니다. 근본적으로 그것이 선하고 좋은 일이라고 구실을 내세워봐야 전혀 소용없습니다. 하느님께서 그분의 계율을 세워 땅으로 내리셨으나 이것이 오용되어 버렸을 때, 하느님은 이런 왜곡된 오용으로 말미암아 친히 정하신 것을 뒤엎고, 친히 만드신 것 또한 깨부수었던 것입니다. 시편(18, 27)에는 하나님에 관해 이렇게 기록되어 있습니다. "당신께서는 왜곡된 자들과 더불어 당신 자신이 왜곡되심을 보여 주실 것입니다."

<19>

결혼을 금지하는 등급이나 촌수Glied, 예컨대 3촌 내지 4촌 등의 **세례입회인관계**Gevatterschaften[88]가 변경되어야 합니다. 이런 문제에 있어서 교황이 돈과 수치스러운 거래를 위해 사면할 수 있다면, 모든 사제도 영혼의 구원을 위하여 무료로 사면할 수 있을 것입니다. 정말이지 하나님께 바라건대, 우리가 로마에서 살 수 있는 모든 것, 돈의 올가미와도 같은 교회법에서 자유롭게 풀려나도록 해주소서. 이를테면 로마에서 팔고 있는 면죄 내지 면죄부, 식사허가증Butterbriefe,[89] 미사증, 그 밖에 면책허가증Confessionália[90] 및 불법증서와 같은 것은 일반 사제도 무료로 발행할 수 있는 것인데, 가난한 백성들은 이런 것에 속아서 돈을 빼앗깁니다. 만일 교황이 돈을 벌기 위하여 돈의 올가미와 영적인 그물(나는 법규라고 말하고 싶다)을 팔 권리가 있다면, 분명히 일반 사제라도 교황의 그물을 찢고 하나님을 위하여 그 그물을 발로 짓밟을 권리가 훨씬 더 많은 것입니다. 그러

88_ 세례입회시에 맺어지는 이른바 영적인 친족관계로, 세례인과 그의 대부 및 대모에 의해 파생되는 관계.

89_ 각주 48 참조.

90_ 각주 49 참조.

나 만일 사제가 이런 권리를 가지고 있지 않다면, 교황도 오욕의 시장에서 이런 것들을 팔 권리가 없습니다.

또 하나 귀담아들어야 할 것은 복음서가 알려주듯이 금식은 누구에게든 자유롭게 적용되어야 하며, 모든 종류의 음식물 역시 누구나 자유롭게 먹을 수 있어야 한다는 점입니다. 왜냐하면 로마에 있는 저들 자신은 금식을 조롱하면서 로마 밖에 있는 우리들에게는 저들이 구두도 닦으려 하지 않는 기름을 먹게 하고, 또 그 후에는 우리에게 버터 및 각종 음식을 먹을 수 있는 자유를 팔고 있기 때문입니다. 그럼에도 거룩한 사도는 우리가 복음에 의거하여 모든 면에서 자유를 갖고 있다고 말합니다. 그러나 저들은 교회법으로 우리를 포박하고, 우리에게서 자유를 훔쳐감으로써, 우리는 그것을 돈으로 다시 사들이지 않을 수 없게 되었습니다. 이렇게 저들은 우리의 양심을 너무나 불안하고 소심하게 만들어 놓았기에, 이 자유에 관해 설교하는 것조차 더 이상 어려울 지경입니다. 그럴 것이 일반 백성은 속이고 저주하고 또는 음행을 저지르는 것보다 버터를 먹는 것을 더 큰 죄로 간주하고 꺼려하기 때문입니다. 그렇지만 인간들이 규정해 온 것은 인간사Menschenwerk에 불과합니다. 모두가 자기 뜻대로 규정하지만, 거기서는 어떤 좋은 결과도 결코 나오지 않을 것입니다.

<20>

산간벽지의 예배당과 시골의 교회들, 예컨대 새로운 순례자들이

찾아가는 빌스낙Wilsnack, 슈테른베르크Sternberg, 트리어Trier, 그림멘탈Grimmental과 현재의 레겐스부르크Regensburg[91] 및 기타 몇 곳은 완전히 없어지는 것이 바람직합니다. 아, 이런 악마의 장난을 허용하고 그 대가를 받는 주교들은 얼마나 어렵고 비참한 변명을 늘어놓아야 하겠습니까! 그들은 이런 것을 제일 앞장서서 막아야 하는 사람들이어야 합니다만, 그러나 이것이 신성하고 거룩한 일이라고 말합니다. 이것이 탐욕을 강화하고, 허구적인 거짓 신앙을 만들어내고, 교구 내의 교회를 약화시키고, 선술집과 매음을 증대시키고, 필요 이상으로 돈과 노력을 낭비하고, 가난한 백성만을 골라 희롱하는 악마의 소행이라는 것을 그들은 알지 못합니다. 만일 그들이 저주스런 교회법을 읽듯이 성서를 제대로 읽었더라면, 어떻게 이 문제를 다루어야 할지 잘 알게 되었을 것입니다.

이런 곳들에 기적의 표징이 나타난다고 해도 아무 소용이 없습니다. 왜냐하면 그리스도께서 마태복음(24, 24)에서 우리에게 알려주신 것처럼, 악령이 기적을 행할 수 있기 때문입니다. 만일 주교들이 이 문제를 진지하게 다루어 이런 일을 금지한다면, 기적은 곧 중지될 것입니다. 반면에 기적이 하느님에 의한 것이라면, 그들이 아무리 금지한다고 해도 막지 못할 것입니다. 설령 이것이 하느님에 의한 것이 아니라는 다른 증거가 없다고 해도, 사람들이 가축처럼 이성을 잃고 무리지어 미쳐 날뛰는 것만으로 그 증거는 충분할 것입니

91_ 이곳에는 순례자들이 너무 많이 찾아와 작은 마을이 도시로 변할 정도였다고 한다.

다. 요컨대 이런 일은 하느님에게서 일어날 수 없으며, 또한 하느님께서 이런 일을 명하신 바도 없습니다. 거기에는 복종이나 공적도 있을 수 없습니다. 그러므로 주교들은 주저 없이 이 일에 개입하여 순례의 무리들Volk을 막아야 합니다. 왜냐하면 명령받지 않은 것, 하느님의 명령보다 더 주제넘게 행동하는 것은 분명히 악마 자신이기 때문입니다. 반면에 교구 내의 교회들은 그만큼 더 존중받지 못하기 때문에 불이익을 당합니다. 간단히 말해 이런 것이 바로 무리들에게서 나타나는 큰 불신의 징조입니다. 만일 순례의 무리들이 올바른 신앙을 갖고 있다면, 그들은 가도록 명을 받은 자신들의 교회에서 모든 것을 다 갖게 될 것이기 때문입니다.

그러나 내가 도대체 무슨 말을 하겠습니까? 주교들은 어떻게 하면 자신들의 교구 내에 이런 순례의 장소를 세워서 보존할 수 있는가 하는 것만을 생각하며, 무리들이 어떻게 하면 올바로 믿고 살아갈 것인가에 대해서는 근심하지 않습니다. 다스리는 자들도 무리들과 마찬가지인데, 소경이 다른 소경을 인도하는 셈입니다. 보십시오, 순례가 잘 되지 않을 것 같으면 그들은 성자들을 모시기 시작합니다만, 실상 성자들은 섬김을 받지 않아도 충분히 존경을 받는 사람들입니다. 이렇게 하는 까닭은 물론 성자들에게 존경을 표하려는 것이 아니라 무리를 많이 끌어들여 돈을 모으기 위해서입니다. 이럴 경우 교황과 주교는 서로 돕는 관계입니다. 사방에 면죄부가 뿌려지면, 거기에는 동시에 풍족한 돈이 있습니다.

그러나 하느님이 명하신 일에 대해서는 염려하는 사람이 없으며, 이런 일로 동분서주하는 사람 또한 없습니다. 거기에는 돈이 없기 때문입니다. 아, 우리는 왜 이렇게 맹목적인지 모르겠습니다. 우리는 환영으로 나타나는 악마로 하여금 마음껏 방종하도록 허용할 뿐만 아니라, 그 방종한 태도를 강화 내지 배가시키고 있습니다. 사랑하는 성자들을 편안하게 놓아두고 가난한 백성들을 그릇 인도하지 않기를 나는 바라는 바입니다. 어떤 영이 교황에게 성자들을 떠받들게 할 권한을 주었단 말입니까? 누가 교황에게 성자인지 아닌지를 말해 준단 말입니까? 그렇지만 지상은 하느님을 시험하거나 그분의 심판에 관여하고, 사랑스런 성자들을 돈의 미끼로 만들 만큼 죄로 가득 차 있습니다.

그러므로 나는 성자들이 스스로 떠받들어지도록 놓아두라고 권고하는 바입니다. 실로 하느님만이 성자들을 우뚝 솟아오르도록 하실 수 있는 분입니다. 그리고 누구든 자기의 교구에 머물러 있는 것이 좋을 것입니다. 그는 자신의 교구에서 마치 그 모든 순례지 교회를 다 경험한 것처럼 더 많은 것을 발견할 것입니다. 여기서 각자는 세례, 성사, 설교와 그의 이웃을 발견하게 됩니다. 이런 것이 하늘에 있는 모든 성자들보다 더 위대한 것입니다. 왜냐하면 그분들 모두가 하느님의 말씀과 성사를 통하여 성자가 되었기 때문입니다. 우리가 이렇게 위대한 일을 경멸하므로 하느님께서 분노의 심판을 내리시는 것도 지당하며, 바로 그렇기에 하느님께서는 악마에게 다음의 일들을 허락하시는 것입니다. 즉, 악마는 우리를 이리저리 이끌어 순례하도록 하고, 교회당과 벽지교회를 세우게 하고, **성자숭배**를 준비하도록 하였습니다. 악마는 우리로 하여금 갖가지 이와 비슷한 우행들을 저지르게 함으로써, 우리는 올바른 신앙으로부터 새로 생겨난 거짓된 미신으로 떨어지곤 하였습니다.

이는 옛날에 악마가 이스라엘 백성에게 행했던 것과 흡사합니다. 당시에 악마는 이스라엘 백성을 예루살렘의 성전에서 다른 수많은 장소로 그릇 인도하였지만, 그럴 때마다 하느님의 이름을 부르고 성스러움이라는 그럴듯한 가면으로 위장하였습니다. 하여 모든 예언자들이 이에 대항하는 설교를 행했고, 그로 인해 온갖 고초를 당했습니다. 그러나 지금은 이에 대항하여 설교하는 사람이 전혀 없습니다. 만일 이런 사람이 있다면, 주교들과 교황, 사제, 성직자들까지 나서서 그를 핍박할 것입니다. 이런 핍박에도 불구하고 플로렌스의 성 안토니우스St. Antonius[92]와 다른 몇몇 사람들은 성자가 되어 숭배를 받게 된 것입니다. 그들의 신성神聖이 명성과 돈을 얻는 데 쓰인 것이 아니라, 오로지 하느님의 영광과 좋은 본보기에 헌신할 수 있게 됨으로써 그들은 성자의 반열에 오른 것입니다.

옛날에는 성자숭배가 좋은 일이었는지 모르지만, 지금은 결코 그렇지 않습니다. 이는 예컨대 축제일이나 교회의 보물, 장식품처럼 옛날에는 대부분 좋은 것들이었으나 지금은 악하고 해로운 것으로 바뀐 것과 같습니다. 왜냐하면 사람들은 성자숭배를 통하여 하느님의 영광과 기독교인의 개선이 아니라 돈과 명성만을 추구하고, 이에

92_ 기독교 신앙의 자유가 열리게 된 밀라노칙령(313년)에 공헌한 성자로, 사막으로 들어가 악마들과 싸운 이야기로 유명하다.

따라 한 교회가 다른 교회들보다 특별한 어떤 것이 되거나 가지려고 한다는 것이 분명하기 때문입니다. 만일 다른 교회가 동일한 것을 가져서 그 이득이 전반적으로 늘어난다면, 다른 교회에는 아마 유감일지도 모르겠습니다. 최근의 이 사악한 시대에 들어와서는 영적인 재물이 현세적인 재물을 획득하기 위한 수단으로 오용되고 있으며, 따라서 하느님 자신을 포함한 모든 것이 탐욕을 위해 이용될 수밖에 없게 되었습니다.

이런 유리한 형편까지도 분열과 분파와 오만불손에 봉사함으로써, 교회들은 서로가 서로를 구별하여 다른 교회를 경멸하고 자기 것을 다른 교회보다 높이게 되었습니다. 물론 하느님이 주시는 모든 재물은 교회들의 동등한 공동자산이며, 오로지 단합을 위해서만 존재한다는 것은 말할 필요가 없습니다. 그럼에도 교황은 현재의 분열적 상황에 만족감을 보입니다. 만일 모든 기독교인이 동등해지고 하나가 된다면, 교황은 유감으로 여길 것입니다.

이제는 교황이 로마의 약탈본부Schindanger에서 팔아먹는 면책권과 교서 등에 관해 말할 차례입니다. 우리는 이런 것들을 없애버리거나 무시하거나, 아니면 어떻게 해서든 모든 교회에 공통으로 적용해야 합니다. 만일 교황이 특사indúlta, 권리, 면죄, 은총, 이익, 특권facultáltes[93] 따위를 비텐베르크, 할레, 베니스 그리고 특히 로마에 팔

93_ 교황이 특정인들에게 맡기는 '특사' 수여의 전권全權 내지 특별권한.

거나 준다면, 왜 이런 것들을 그는 모든 교회에 똑같이 배당하지 않는 것입니까? 모든 기독교인에게 교황은 하느님을 위하여 무보수로 그가 할 수 있는 모든 것을 행할 의무가 있지 않습니까? 또 그들을 위하여 피를 흘리기까지 해야 할 의무가 있지 않습니까? 그런데 그는 무엇 때문에 한 교회에는 주거나 팔거나 하면서 다른 교회에는 그렇게 하지 않는 것일까요? 그 저주받을 돈 때문에 거룩한 교황님의 눈은 기독교인들을 차별하는 것일까요? 그러나 기독교인들 모두가 동일한 세례, 말씀, 믿음, 그리스도, 하느님 및 그 밖에 모든 것을 공동 소유하고 있습니다. 우리가 눈이 있어도 소경이 되고 순수한 이성이 있어도 바보가 되어 저런 탐욕과 악행, 협잡을 숭배해야 하겠습니까? 교황은 실로 돈이 있는 한 목자일 수 있으나, 더 이상은 아무것도 아닙니다. 그럼에도 불구하고 저들은 교서를 가지고 우리를 이리저리 끌고 다니는 그런 만행에 대하여 철면피한 태도를 취합니다. 저들에게는 저주받을 돈만이 중요하며, 그밖에는 아무것도 아닙니다.

당신이 교황에게서 사들이는 것은 좋지도 않고, 하느님에게서 나온 것도 아니라는 사실을 확고한 원칙으로 삼으십시오. 왜냐하면 하느님에게서 유래하는 것은 거저 주어지기 때문입니다. 게다가 복음과 하느님의 행위와 같은 것을 세상 사람들이 거저 받으려고 하지 않아 오히려 벌과 저주를 받게 되기 때문입니다. 우리는 하느님의 거룩한 말씀과 세례의 은총을 경멸함으로, 그 유혹에 빠진 죄의 대가를 그대로 하느님께 받아 마땅합니다. 바울도 이에 관해 데살로니가 둘째(2, 11 이하)에서 다음과 같이 말하고 있습니다. "하느님께서는 구원을 위한 진리를 받아들이지 않았던 모든 사람들에게 강력한 미혹을 보내실 것입니다. 이는 그들이 거짓과 악행을 진리인 양 믿고 따르게 하기 위함입니다."

<21>

지금 가장 시급한 문제 가운데 하나는 기독교에서 모든 **구걸행위**를 사라지게 하는 일입니다. 기독교인 중에 누구도 구걸하러 다녀서는 안 됩니다. 만일 우리가 매사에 용기 있고 진지하게 행동할 자세가 되어 있다면, 어떤 법규를 제정하는 것도 쉬울 것입니다. 요컨대 각 도시가 가난한 사람들의 생계를 돌봐야 하며, 순례의 형제Wallfahrtsbrüder든 탁발수도회Bettelorden든 어떤 이름으로 불리든, 낯선 거지들을 허용해서는 안 됩니다. 각 도시가 조금만 노력하면 언제나 자체 내의 빈민들을 부양할 수 있을 것입니다. 그러나 만일 어느 도시가 너무 약하다면, 인근 마을사람들로 하여금 기부하도록 권유하면 됩니다. 이들은 아무튼 구걸의 이름으로 떠도는 수많은 부랑자와 악인들을 부양하지 않을 수 없습니다. 그러다 보면 누가 정말 가난하고 누가 가난하지 않은지도 확인할 수 있을 것입니다.

모든 빈민들을 알아서 이들에게 필요한 것을 시의회나 사제들에게 보고할 관리자나 후견인이 있어야 할 것이며, 그렇지 않다면 가장 깔끔하게 정비될 수 있는 방안이 있어야 하겠습니다. 나의 견해로는 구걸행위에서처럼 그렇게 많은 악행과 거짓이 일어나는 일도 없지만, 그러나 그런 일 따위는 모두 쉽게 척결될 수 있을 것입니다. 아울러 이렇게 자유롭고 일반화된 구걸행위는 일반대중에게 피해를 줍니다. 내가 여러 번 목격한 사실입니다만 5, 6개의 탁발수도회가 제각기 매년 같은 곳을 6, 7차례 넘게 찾아갑니다. 그 밖에도 일반 거지들과 상주거지들, 순례자들이 방문함으로써, 해당 도시는 1년에 약 60번 가량은 기부금을 내지 않을 수 없게 됩니다. 수수료와 부과금, 세금으로 당국에 내는 것, 상품을 통해 로마 교황청이 빼앗아가는 것, 기타 불필요하게 소모되는 것은 물론 이 비용에서 제외시켰습니다. 그럼에도 우리가 여기에 남아 먹고 살아갈 수 있다는 것이 내게는 하느님의 가장 큰 기적 가운데 하나로 생각됩니다.

그러나 몇몇 사람들은 이런 식으로는 가난한 자들이 충분히 공급받지 못할 것이며, 또한 커다란 석조건물과 수도원들이 충분하게 세워지지 못할 것이라고 생각합니다. — 이에 대해서는 나도 잘 알고 있습니다. 하지만 그것은 불필요합니다. 가난하고 싶은 사람은 가난하게 살면 되는 것입니다. 반면에 부유해지고 싶으면 손에 쟁기를 잡고 땅을 일구어 스스로 부를 찾으면 됩니다. 빈자貧者들이 적절히 조달을 받아 아사餓死하거나 동사凍死하지 않으면 그것으로 충분합니다. 현재의 잘못된 관습에 따라서 한 사람이 다른 사람의 노동 덕분으로 나태하게 지내거나 또는 다른 사람의 어려운 삶 때문에 부유해지고 편안하게 사는 것은 결코 당연한 일이 아닙니다. 그도 그럴 것이 "누구든 일하지 않는 사람은 먹지도 마십시오"[94]라고 바울도 말하고 있기 때문입니다. 바울의 고린도 첫째(9, 14)에 따르면 영적 노동을 하는 사람들, 즉 통치하고 설교하는 사제들 외에는 아무도 다른 사람의 재물로 살아서는 안 된다고 규정하고 있습니다. 그리스도께서도 사도들에게 같은 말씀을 하셨습니다. "일꾼이라면 누구나 삯을 받아 마땅합니다" [누가(10, 7)].

<22>

교회시설들과 수도원들에서 이루어지는 많은 미사가 거의 무용할 뿐만 아니라 하느님의 큰 노여움을 일으킨다는 것도 마음에 두어야 합니다. 따라서 미사를 더 이상 드리지 않을 뿐만 아니라, 이미 드린 미사 중에서 많은 것도 폐지할 필요가 있습니다. 왜냐하면 이 미사들은 세례와 속죄처럼 그것을 받는 사람들에게만 유용하고 다른 사람들에게는 그렇지 않은 성사Sakrament임에도 불구하고, 단지 봉헌Opfer과 선행으로만 간주되고 있기 때문입니다. 그러나 이제 미사는 산 자와 죽은 자를 위하여 수행되고, 또 이제 모든 것은 거기에 근거를 두는 것이 관례화되었습니다. 그리하여 많은 미사가 만들어지고, 우리가 지금 보는 형태의 것들이 생겨나게 되었습니다. 물론 이런 미사의 중단으로 말미암아 일과 생계가 침해를 받을까봐 걱정

94_ 데살로니가 둘째(3, 10).

하는 사람들에게는 내 말이 너무 대담하고 이상하게 들릴지도 모르겠습니다. 그러므로 어떤 미사가 좋고 유용한지를 우리가 올바로 이해하게 될 때까지 더 이상 이에 관해 말을 아낄 필요가 있습니다. 유감스럽게도 미사는 수년 사이에 실제적 생계를 위한 직업이 되어 버렸습니다. 미사 집전이 어떤 것인지 먼저 잘 알지 못하면, 그는 사제나 성직자가 되기보다 오히려 양치기가 되든지 그 밖에 다른 직업을 구하라고 나는 충고하고 싶습니다.

그러나 나는 여기서 오래된 시설들과 성당들에 관하여 말하는 것이 아닙니다. 이 교회의 시설들은 귀족의 자제로 하여금 여기서 숙식 및 여러 가지를 공급받고, 자유롭게 하느님을 섬기고, 열심히 연구하여 학자가 되는 데 유용하도록 설립되었다는 것은 의심할 바 없습니다. 귀족의 자제들이 여기에 오는 까닭은 독일의 관습에 따라 귀족의 자제가 모두 상속자나 통치자가 될 수는 없기 때문입니다. 오히려 나는 기도와 미사집전을 위해서만 설립된 오늘날의 새로운 시설들에 관하여 말하고자 합니다. 그런데 기존의 옛 시설들까지도 이 시설들의 본을 따르다 보니 기도와 미사 때문에 어려움을 겪게 되었고, 따라서 거의 쓸모없거나 완전 무용지물이 되어 버렸습니다.

결국 이 시설들은 당연하다는 듯이 정말 하찮은 일에 매달리게 되었습니다. 하지만 비속한 헌금을 얻어 쓰기 위하여 성가와 오르간을 울리고, 무미건조한 미사를 올리게 된 일은 그나마 하느님의 은총이기도 합니다. 아, 이런 일들은 교황과 주교들, 박사들이 상세히 조사하여 방안을 찾아내야 합니다. 그러나 지금 이런 짓을 가장 많이 하는 사람들이 정작 그들입니다. 돈만 들어오면 언제나 무사통과입니다. 소경이 다른 소경을 인도하고 있습니다. 탐욕스런 인간과 교회법이 이렇게 하고 있는 것입니다.

무엇보다 한 사람이 하나 이상의 성당위원직이나 성직록을 가져서는 안 될 것입니다. 다른 사람도 어느 정도 가질 수 있도록 한 사람이 하나의 적절한 직책에 만족해야 할 것입니다. 적당한 생활수준을 유지하기 위하여 한 가지 직책 이상을 가져야 한다고 말하는 사람들의 변명이 사라지기 위해서라도 그렇게 해야 합니다. 적당한 생활수준이란 말이 실상은 대단히 풍족하다는 의미이므로 이를 유지하기 위해서는 나라 전체도 감당하지 못할 것입니다. 게다가 여기에는 탐욕과 하느님에 대한 숨은 불신이 병행하는 관계로, 적당한 생활수준 운운하는 것은 순전히 탐욕과 불신인 경우가 허다합니다.

<23>

스물세 번째 문제제기입니다. **교우회**Bruderschaft, 그 밖에 면죄 내지 면죄부, 식사허가증,[95] 미사증, 특례권Dispensation 및 이와 유사한 다른 모든 것들은 물속에 처박아 없애버려야 합니다. 이런 것들 중에서 좋은 것이라곤 하나도 없습니다. 만일 교황이 당신에게 금식

95_ 각주 48 참조.

해제禁食解除와 미사참여 등의 특권을 행사할 수 있다면, 이런 권한을 교황은 사제들에게도 마찬가지로 해야 합니다. 교황은 사제들에게서 이 권한을 빼앗을 권리가 없습니다.

나는 교우회에 대해서도 말하고자 하는데, 거기서는 면죄와 미사, 선행을 돈을 받고 나누어 줍니다. 경애하는 그대여, 당신은 세례를 통해 그리스도와 지상에 있는 모든 천사들, 성자들, 기독교인들과 더불어 형제애를 나누기 시작하였습니다. 형제애를 견지하고 그것에 충실하게 행동하면, 당신은 형제애를 충분히 갖게 될 것입니다. 다른 것들, 예컨대 교우회는 그들이 원하는 대로 빛을 내라고 하십시오. 그럼에도 그들은 반짝이는 굴덴이 아니라 페니히에 불과합니다. 그러나 만일 가난한 사람을 먹이거나 그 밖에 누군가를 돕기 위해 돈을 모으는 형제애가 존재한다면, 그것은 선하고, 하늘에서 면죄와 공적을 얻게 될 것입니다. 지금은 형제애라는 이름으로 잔치와 폭음만이 성행할 따름입니다.

무엇보다 우리는 교황사절들을 그들의 전권Fakultäten[96]과 함께 독일 땅에서 쫓아내지 않으면 안 됩니다. 교황사절들은 전적으로 불법행위를 저지르며 그들의 특권을 거액의 돈으로 팔고 있습니다. 예컨대 그들은 돈을 받고 불법적 재산을 합법화하고, 맹세와 서약, 계약을 폐기합니다. 그들은 서로가 다짐했던 신뢰와 믿음을 깨트리고 또한 깨트릴 것을 가르치면서, 교황만이 이에 대한 권한이 있다고

96_ 교황이 부여하는 특별권한.

말합니다. 그들에게 이렇게 말하도록 하는 것은 악령입니다. 그들은 우리에게 악마의 가르침을 팔고, 우리에게 죄를 가르치고, 우리를 지옥에 데려가는 대가로 돈을 받습니다.

교황이 진짜 적그리스도라고 입증할 만한 다른 악의까지는 없지만, 아마 다음 사실만은 입증하기에 충분할 것입니다. 아, 가장 거룩한 자가 아니라 가장 죄 많은 교황이시여, 그대는 이 말을 듣습니까? 하느님께서 그대의 권좌를 하늘로부터 부수어 그것을 지옥에 떨어지게 할 날이 임박했습니다. 누가 그대 자신을 하느님보다 높일 권한을 주었습니까? 누가 하느님께서 명하신 것을 깨트리고 마음대로 해제할 권한을 그대에게 주었단 말입니까? 기독교인들, 특히 고귀하고 인내심 많고 성실한 천품으로 인해 모든 역사를 통해 찬양을 받는 독일 국민을 불안정하고 위증을 잘하는 변절자, 불성실한 악인이라고 가르칠 권한을 누가 그대에게 주었습니까?

하느님께서는 적에게까지도 서약과 맹세를 지키라고 명하셨습니다. 그럼에도 그대는 하느님의 명령을 감히 폐기하려 하면서, 이단적인 교령教令을 내세워 그대에게 하느님을 대신할 전권Vollmacht이 있노라고 규정합니다. 이제 사악한 악마는 그대의 입과 그대의 펜을 통하여 전에는 결코 없었던 거짓말을 행하고, 나아가 자기 뜻대로 방자하게 성서를 해석하고 강요합니다. 아, 나의 주 그리스도여, 굽어 살피시어 마지막 심판의 날을 여시고, 로마에 있는 악마의 둥지를 멸하소서. 자신을 당신보다 높이고 당신의 교회에 앉아 마치 하느님처럼 행동하리라고 바울이 말한 바로 그 자가 저기에 앉아 있나이다. 그는 죄의 인간이자, 멸망의 자식Sohn der Verdammnis입니다.[97] 교황의 권능은 죄와 악을 가르치고 증대시키며, 하느님의 이름으로 가장하여 영혼들을 멸망으로 인도하는 것 이외에 무엇이란 말입니까?

옛날에 이스라엘 자손들은 잘 알지 못하고 속아서 그들의 적인 기브온 사람들Gibeoniten에게 행했던 맹세를 지키지 않으면 안 되었습니다.[98] 그런데 시드기야Zedekia 왕은 바빌론의 왕에게 했었던 맹세를 어겼기 때문에, 자신의 백성들과 더불어 비참하게 패배할 수밖에 없었습니다.[99] 우리들 가운데에서도 100년 전에 헝가리와 폴란드의 훌륭한 왕 라디스라우스Ladislaus[100]가 많은 귀족들과 함께 터키인들에 의해 살해당했는데, 왜냐하면 그는 교황의 사절과 추기경의 꼬임에 속아 넘어가 터키인들과 체결한 유리한 평화조약을 어겼기 때문이었습니다.

경건한 황제 지기스문트Sigismund는 콘스탄츠 공의회[101] 이후에 운이 없었습니다. 이 공의회에서 황제는 요한 후스Johann Huß와 히에로니무스Hieronymus에게 주어진 안전통행권Das Geleit[102]이 악한들에게

97_ 데살로니가 둘째(2, 3 이하).

98_ 여호(9, 19 이하).

99_ 열왕기 둘째((24, 20), (25, 4 이하)).

100_ 1444년 바르나Varna 전투에서 오스만 제국의 병사들에게 살해를 당한다. 이 전투가 바르나에서 결성된 십자군의 최후로 기록된다.

101_ 콘스탄츠 공의회(1414~1418)는 애초 지기스문트 황제의 주도로 열렸으나 황제의 영향력이 손상을 입게 되고, 결과적으로 위클리프의 영향을 받은 후스와 그의 친구 히에로니무스를 단죄하고 화형에 처하게 된다.

102_ 신변을 보장하기 위하여 황제가 이들에게 부여한 안전조치. 그러나 불행하게도 실효를 거두지 못한다.

유린되도록 놔두었습니다. 우리와 보헤미아 사람들 사이의 모든 아픔도 그 사건 때문에 생겨났습니다. 우리 시대에 들어와서도 교황 율리우스가 막시밀리안 황제[103]와 프랑스의 왕 루이 사이에 체결했다가 다시 파기한 서약과 맹약으로 인하여 얼마나 많은 기독교인들이 피를 흘렸습니까?[104] 교황들이 위대한 왕들 사이에 맺은 맹세와 서약을 와해시키고, 모두에게 모욕을 주어 돈을 빼앗는 그런 악마의 철면피한 태도로 자행했던 그 모든 일들을 어떻게 다 이야기할 수 있겠습니까? 나는 심판의 날이 문 앞에 다가오기를 희망합니다. 실로 로마 교황청이 자행하는 것보다 더 악한 일은 결코 없을 것입니다. 교황은 하느님의 계명을 짓밟고 그 자신의 명령을 그보다 더 높이고 있습니다. 그가 적그리스도가 아니라면, 과연 그가 어떤 사람일지 누가 말해 보십시오. 하지만 이에 관해서는 다음에 더 자세히 언급하고자 합니다.

<24>

보헤미아 사람들의 문제를 우리가 진지하고 올바르게 검토하고 그들과 서로 협정을 맺음으로써, 양편에서 언젠가는 무서운 비방과 증오, 질투를 중단할 수 있는 좋은 시기가 찾아왔습니다. 나는 어리석은 생각이나마 나름대로의 견해를 먼저 피력하고자 합니다.

103_ 당시의 젊은 황제 카를(카를로스) 5세의 할아버지.

104_ 각주 5 참조.

이 문제에 관해 나보다 더 잘 아는 분들의 견해는 일단 유보하겠습니다.

첫째로, 우리는 솔직하게 진실을 고백하고 자기정당화를 그만두어야 하며, 보헤미아 사람들에게는 다음의 사실을 상당 부분 인정해 주어야 합니다. 즉, 요한 후스와 프라하의 히에로니무스는 교황과 기독교인과 황제의 안전통행권 및 맹세에도 불구하고 콘스탄츠에서 화형을 당했던 것입니다. 이로써 하느님의 계명을 거스르는 악행이 자행되었고, 보헤미아 사람들은 괴로움에 빠지게 되었던 것입니다. 물론 후스 등이 완벽하지 못했고, 또한 하느님에 대한 권력자들의 큰 불의와 불복종을 어떻게든 이겨냈어야 했겠지만, 그럼에도 이를 시인하거나 올바른 것으로 인정하지 않은 것은 당연한 처사였습니다. 그렇습니다, 그들은 오늘날에도 황제와 교황과 기독교인의 안전통행권을 어기고 불성실하게 이에 반하는 행동을 취하는 것이 권리라고 고백하기보다는 차라리 육신과 생명을 버리는 것이 나았습니다. 그러므로 설령 보헤미아 사람들이 조급했다 하더라도, 교황과 그의 추종자들은 공의회 이후에 일어난 영혼들의 모든 슬픔과 오류, 타락에 대하여 한층 더 큰 죄가 있습니다.

나는 여기서 요한 후스가 내세운 조항들에 대하여 판단하거나 그의 오류를 변호하지 않을 것입니다. 나의 이해로는 아직 그의 주장들에서 잘못된 것을 전혀 발견하지 못했습니다. 더구나 불성실한 행위를 통해 기독교인의 안전통행권과 하느님의 계명을 위반한 자들이 내린 판결이 전혀 올바르지도 않았으며, 공정한 탄핵도 아니라는 것을 즐거운 마음으로 믿어 의심치 않습니다. 분명히 저 가해자들은 성령이 아니라 악령에 사로잡혀 있었습니다. 성령이 하느님의 계명을 거스르는 행위를 하지 않는다는 것은 누구도 의심치 않을 것입니다. 실로 안전통행권과 신뢰를 깨트리는 것이 하느님의 계명에 거스른다는 것을 알지 못할 만큼 무지한 자도 없을 것입니다. 이단자와의 약속이든, 악마와의 약속이든 그러합니다. 요한 후스와 보헤미아 사람들의 경우도 마찬가지였습니다. 그들에게 안전통행권이 승인되었으나 지켜지지 않았고, 오히려 후스가 화형까지 당했다는 사실도 명백합니다. 나는 후스에게서 불법적인 일이 일어났고 그의 책들과 가르침이 부당하게 정죄되었다고 인정하기는 하지만, 몇몇 보헤미아 사람들이 행하는 것처럼 후스를 하나의 성자나 순교자로 만들 생각은 없습니다. 왜냐하면 하느님의 심판은 비밀스럽고 무서우므로, 하느님 자신 외에 아무도 그 심판을 나타내거나 표현해서는 안 되기 때문입니다.

정말 내가 말하고자 하는 것은 바로 다음 사항입니다. 즉, 후스가 사악하기 이를 데 없는 이단자라 몰렸다 해도, 그는 하느님의 뜻에 반하여 부당하게 화형을 당했다는 사실, 그리고 보헤미아 사람들은 아무리 강압이 있을지라도 이런 행위를 순순히 인정해서는 안 된다는 사실입니다. 이렇게 하지 않으면 우리는 결코 단결하지 못할 것입니다. 자기 고집이 아니라 상호 공동의 진리가 우리를 하나가 되게 해야 합니다. 당시처럼 이단자에게는 안전통행권이 지켜질 필요가 없다고 둘러대 보아도 소용없는 일입니다. 이는 하느님의 계명을 지키기 위하여 하느님의 계명을 지켜서는 안 된다고 말하는 것과 마찬가지입니다.

악마가 저들을 무모하고 어리석게 만들었기 때문에, 저들은 자신들이 말하고 행한 것조차 알지 못했습니다. 하느님께서는 안전통행권을 엄수해야 한다고 명하셨습니다. 한 이단자를 풀어주거나 세상이 가라앉을지라도, 이 계명은 엄수되어야 하는 것입니다. 옛 교부教父들이 행했듯이 이단자들을 불로 다스릴 것이 아니라, 성서로 설복해야 합니다. 만일 이단자들을 불로 다스리는 것이 학자의 기술이라면, 교수형 집행관은 지상에서 가장 박식한 박사일 것이며, 우리는 더 이상 연구할 필요도 없을 것입니다. 다른 사람을 폭력으로 다스리는 사람은 말할 것도 없이 그를 화형에 처할 수도 있을 것입니다.

둘째로, 황제와 제왕들은 보헤미아에 경건하고 지혜로운 주교와 학자 몇 사람을 파견하되, 추기경이나 교황사절, 종교 재판관은 결코 보내서는 안 됩니다. 이유인즉 이런 자들은 기독교의 문제에는 너무 무식하며, 또한 영혼의 구원을 추구하는 것이 아니라 교황의 모든 위선자들처럼 그들 자신의 권위와 이익, 영예만을 추구하기 때문입니다. 실로 이런 자들이야말로 콘스탄츠에서 있었던 비참한 사건의 주역들이었습니다. 따라서 보헤미아에 파견되는 사람들은 보헤미아 사람들의 신앙이 어떤지 탐구해야 하며, 그들의 모든 종파를 하나로 통합할 수 있는지의 여부를 알아내야 합니다. 다음으로 교황은 보헤미아 사람들의 영혼을 위하여 한동안 자신의 직권을 포기하고, 가장 기독교적인 니케아공의회[105]의 규약에 따라 보헤미아 사람들에게 자발적으로 프라하의 대주교 한 사람을 선출하도록 허락해야 합니다. 이렇게 선출된 대주교는 모라비아 지방에 있는 올뮈츠Olmütz의 주교나 헝가리 그란Gran의 주교, 폴란드에 있는 그네센Gnesen의 주교나 독일 마그데부르크Magdeburg의 주교가 비준을 하면 됩니다. 성 키프리안Cyprian[106] 시대에 있었던 관례처럼 이 주교들 가운데 하나 또는 두 사람의 비준을 받는다면 그것으로 충분할 것입니다.

교황은 이들 중 어떤 사람도 반대할 수 없으며, 만일 반대한다면 그의 행위는 늑대나 폭군의 행위와 다름없는 것입니다. 그리고 그 누구도 이런 교황을 추종해서는 안 되며, 또 교황의 파문에는 역파문逆破門으로 되돌려 주어야 합니다. 그런데 만일 교황의 추종자들이 성 베드로의 지위를 존중하고자 교황의 동의를 얻어 그렇게 하려고 한다면, 나 역시 인정할 것입니다. 보헤미아 사람들은 동전 한 닢도 주어서는 안 됩니다. 교황은 서약과 의무를 강요하여 털끝만큼도 이들을 속박하지 말아야 하며, 탄압을 통해 굴복시키지도 말아야 합니다. 교황은 하느님과 정의를 거슬러 다른 모든 주교들에게 이렇게 하고 있습니다. 교황이 이로 인해 양심의 가책조차 느끼지 못하고 불만스러워 한다면, 우리는 차라리 교황을 방기放棄하고 그의 서약, 권리, 법령과 압제행위 등에 관해서도 제쳐두는 게 나을 것입니다. 그 대신

105_ 각주 17 참조.

106_ 키프리아누스Cyprianus라고도 불리는 이 성자는 248년 카르타고 교구의 주교가 되었으며, 그때까지 기독교 박해가 계속되던 때라 258년 순교하였다.

선거에서 우리는 만족하도록 하며, 위험에 처한 모든 영혼들의 피로 하여금 그를 향해 울부짖도록 합시다. 왜냐하면 누구도 불의에 동의해서는 안 되며, 탄압에 대해서도 더 이상 줄 것이 없을 만큼 충분히 영광이 돌아갔기 때문입니다. 설령 다른 방법이 없을지라도, 일반 사람들의 선거와 동의도 폭군의 비준과 아주 동일한 효력을 가질 수 있습니다. 하지만 나는 그런 것이 필요치 않기를 바랍니다. 결국은 로마파들이나 경건한 주교들과 학자들 가운데 누군가는 교황의 압제를 깨닫고 어떤 식으로든 이를 저지하게 될 것입니다.

나는 성찬식의 두 가지 형태[107]가 기독교에 어긋나는 것도 아니고 이단적인 것도 아니기 때문에, 이를 폐지하도록 그들을 강요할 것이 아니라 그들이 원한다면 현행 방식으로 남아 있도록 허락하는 것이 바람직하다고 생각합니다. 그렇지만 새로 임명되는 주교는 이런 방식 때문에 불화가 생기지 않도록 주의를 기울이고, 나아가 어떤 방식이든 나쁜 것이 아니라고 친절히 가르쳐 주어야 합니다. 이는 사제들이 평신도들과는 다른 옷을 입고 다른 태도를 취하는 것이 불화를 일으키는 원인이 되어서는 안 되는 것과 마찬가지입니다. 이와 마찬가지로 만일 보헤미아 사람들이 로마의 교회법을 수용하려 하지 않는다면, 그들에게 그것을 강요할 것이 아니라 오히려 그들이 신앙과 성서에 따라 올바르게 살아가고 있음을 비로소 깨닫게 해야 합니다. 왜냐하면 기독교인의 신앙과 생활은 교황의 참을 수 없는

107_ 성찬식에서 빵과 포도주를 주는 방식. 요한 후스는 평신도에게도 이런 방식을 채택할 것을 제의했다.

법령 없이도 잘 존속할 수 있기 때문입니다. 아니, 로마의 법령이 적어지거나 아예 없어진다면, 기독교인의 신앙과 생활이 더 잘 되어갈 것입니다. 우리는 세례에 따라 자유롭게 되었으며, 오로지 하느님의 말씀에만 복종하게 되었습니다. 무슨 이유로 한 인간이 자신의 말로 우리를 붙들어 맨단 말입니까? 사도 바울도 "여러분은 자유롭게 되었으니, 더는 사람의 종이 되지 마십시오"[108]라고 하였습니다. 즉, 인간의 법으로 다스리는 자들의 종이 되지 말라는 것입니다.

이제 **피카르트 교도들**Pikarden[109]의 경우를 살펴봅시다. 만일 그들이 떡과 포도주는 자연의 원리대로 존재하지만, 그 아래 참으로 그리스도의 살과 피가 존재한다고 믿는 것 외에 제단의 성찬식에서 다른 잘못이 없음을 내가 알게 된다면, 나는 이들을 징벌하지 아니하고 프라하 주교의 예속으로 들어가게 할 것입니다. 왜냐하면 떡과 포도주가 실제적으로나 자연적으로 성찬식에 포함되지 않는다는 것은 신앙과 관련된 조항이 아니며, 성 토마스[110]와 교황의 견해와도 일치하기 때문입니다. 오히려 자연 그대로의 떡과 포도주 속에 참으로 그리스도의 살과 피가 들어 있다는 것은 신앙과 관련된 조항입니다. 따라서 떡이 있다 또는 없다는 믿음에는 위험성이 없으므로, 우리는 양자의 주장이 일치할 때까지 그들의 견해를 참고 기다려야 할

108_ 고린도 첫째(7, 23).

109_ 본래 이교도적 경향의 평신도 운동을 일컬었으나 나중에는 '보헤미아 형제단die Bömische Brüder'이라는 이름으로 활동하였음.

110_ 토마스 아퀴나스(1225~1274)를 지칭하는데, 그는 오늘날까지도 가장 영향력 있는 신학자이자 스콜라 학파의 대부이다.

것입니다. 왜냐하면 우리는 신앙에 해가 되지 않고 존립하는 여러 가지 방식과 규정들을 참고 기다리지 않으면 안 되기 때문입니다. 그러나 만일 이들이 신앙에 있어 다른 태도를 취한다면, 나는 차라리 이들을 교회 밖에 두고 진리에 대하여 가르치고 싶습니다.

보헤미아에서 어떤 오류와 분열이 더 많이 발견될지라도, 대주교가 다시 선출되고 시간이 흐르면서 무리를 하나의 공통된 교리로 일치시킬 때까지 기다리고 참아주어야 합니다. 이들은 분명히 폭력이나 경멸, 성급한 태도로는 단합에 이르지 못할 것입니다. 단합에는 시간과 인내심이 반드시 필요합니다. 그리스도께서도 제자들과 오랫동안 함께하면서 그들이 그리스도의 부활을 믿을 때까지 불신을 참아내셨습니다. 만일 로마의 탄압 없이 공식적인 주교와 교회 내의 질서가 다시 생겨나게 된다면, 보헤미아 사태는 곧 호전될 것이라고 나는 믿어 의심치 않습니다.

이전에 교회에 속했던 세속 재산에 대해서는 너무 엄격하게 반환을 요구하지 마십시오. 우리는 기독교인으로서 각자가 다른 사람들을 도와야 할 의무가 있으므로, 단결을 위하여 그들에게 이런 것들을 주고 맡기는 것이 우리의 특별한 권한입니다. 이렇게 하는 것이 또한 하느님과 세상 사람들 앞에 떳떳한 일입니다. 그럴 것이 "두 사람이 하나가 되어 모이면, 나도 그 가운데에 있을 것입니다"[111]라고 그리스도께서 말씀하시기 때문입니다. 우리가 양편에서 단결을

111_ 마태(18, 20).

위해 노력하고 서로가 형제처럼 겸손하게 악수를 청하고자 하오니, 청컨대 하느님, 우리의 권세나 권리를 주장하여 서로의 힘을 잃지 않게 하소서. 사랑은 우리에게 로마 교황권보다 더 크고 필요합니다. 교황권이 사랑 없이 존립할 수 있듯이, 사랑 또한 교황권 없이 존립할 수 있습니다.

이렇게 나는 내가 할 수 있는 일을 하고자 하였습니다. 만일 교황이나 그의 추종자들이 이를 방해한다면, 그들은 하느님의 사랑에 반하여 이웃의 일보다 자신들의 일만 추구한 것에 대하여 해명해야만 할 것입니다. 만일 교황이 하나의 영혼이라도 구할 수만 있다면, 그는 자신의 교황권은 물론이요 모든 소유물과 명예를 버리는 것이 당연한 일입니다. 그럼에도 교황은 지금 그의 월권적 권위를 털끝만큼도 줄이려 하기보다는, 오히려 세상을 멸망의 구렁텅이로 몰아가고 있으며, 그러면서도 그는 가장 거룩한 자가 되려고 합니다. 이와 같이 모든 책임은 저들에게 있으며, 나에게는 책임이 없습니다.

<25>

대학교도 역시 아주 철저한 개혁을 필요로 합니다. 나는 **대학의 개혁**이 누군가를 괴롭힐지라도 이에 관해 말하지 않을 수 없습니다. 교황권이 제정하고 실행한 모든 것은 죄와 오류를 증진시키는 쪽만을 지향하고 있기 때문입니다. 만일 대학들이 지금처럼 개혁 없이

지속된다면, 대학교들은 마카비서das Buch der Makkabäer112)에서 말하듯이 "젊은이들의 경기장과 그리스 영예의 도장gymnasia ephebórum et graecae glóriae" 이외에 무엇이겠습니까? 거기서는 자유방임의 생활이 퍼져 있고, 성서와 기독교 신앙은 거의 가르쳐지지 않고 있으며, 심지어 그리스도보다 이교도의 눈먼 스승인 아리스토텔레스가 단독으로 통치하고 있으니 말이 되겠습니까? 이제 나는 가장 탁월한 책으로 간주되어 온 아리스토텔레스의 《물리학》, 《형이상학》, 《영혼에 관하여de anima》, 《윤리학》뿐만 아니라, 그 밖에 자연의 문제를 다룬다고 자랑하는 다른 모든 책들도 없애 버릴 것을 충고하는 바입니다. 설령 거기서 자연의 문제나 영의 문제에 관해 전혀 배울 수 없다고 할지라도 그러합니다. 게다가 이제까지 그 누구도 아리스토텔레스의 견해를 이해하지 못했던 바, 많은 사람들이 무익한 노력과 연구로 귀중한 시간과 정신을 너무 많이 낭비하면서 부담감에 시달려 왔습니다. 어떤 도공陶工이라도 이 책들에 들어 있는 것보다 자연에 대하여 더 많이 알고 있노라고 나는 단언하는 바입니다. 이 저주스럽고 건방지고 교활한 이교도가 거짓말로 아주 많은 선량한 기독교인들을 유혹하고 우롱한 데 대해 나는 매우 가슴 아프게 생각합니다. 하느님께서 우리의 죄로 인하여 그를 보내 우리를 벌하시는 것입니다.

112_ 히브리어 성경에는 없으나 70인역 그리스어 성서에 실려 있는 4권의 책 가운데 1, 2권은 가톨릭의 정경에 속하는 반면, 개신교에서는 외경에 넣고 있다. 마카베오서라고도 한다. 본문은 마카비서 둘째(4, 9)의 내용.

많은 사람들이 쓸모없는 말로 아리스토텔레스를 구원하려 했음에도 불구하고, 이 불쌍한 자는 여전히 가장 우수하다고 일컬어지는 저서《영혼에 관하여》에서 영혼은 육체와 더불어 죽는다고 가르치고 있습니다. 마치 우리가 모든 것에 관하여 무한히 가르침을 받는 성서를 가지고 있지 않기라도 하다는 듯 그리합니다. 아는 체하지만 실상 그는 이 모든 것들에 대하여 조금도 알지 못했던 것입니다. 그럼에도 이 죽은 이교도는 살아 계신 하느님의 책들을 방해하고 정복하고 짓밟아 버렸습니다. 그러므로 이 비참한 사태를 고려하면 나는 악령이 아리스토텔레스의 연구를 이 세상에 가져왔다고밖에 생각되지 않습니다.

마찬가지로 어떤 책보다 더욱 사악한 그의 윤리학 책은 하느님의 은총과 기독교의 덕성에 전면 배치되어 있으나, 그럼에도 이 책이 가장 우수한 저서들 가운데 하나로 평가되고 있습니다. 아, 이따위 책들은 모든 기독교인의 손에서 사라져 버려야 합니다. 내 말이 너무 지나치거나 또는 알지도 못하는 것을 비방한다고 어느 누구도 나를 질책해서는 안 됩니다. 경애하는 친구여, 나는 내가 말하는 것에 대해 잘 알고 있습니다. 그대나 그대의 동료들만큼이나 나는 아리스토텔레스를 잘 알고 있습니다. 나도 그의 책들을 읽었고 그에 관한 강의도 들었습니다. 나는 아리스토텔레스에 관해 성 토마스나 스코투스[113]가 이해하고 있는 것보다 더 잘 이해하고 있습니다. 이

113_ 스코투스Duns Scotus는 스콜라학파의 한 사람으로서 실재론이 아니라 유명론唯名論적 사고를 보여 주었다. 즉 그는 인간이 자유의지를 가지기에 각자가 서로 구별되는 개별존재가 될 수 있다고 파악함으로써, 보편보다는 개별자를 우선시하는 유명론적 사고를 개진하였다.

에 관해 자찬하는 것 같지만 결코 자만하는 것은 아니며, 필요하다면 이를 입증할 수도 있습니다. 아주 많은 지성인들이 수백 년 동안이나 아리스토텔레스 연구에 골몰해 왔다는 것이 내게는 별 의미가 없습니다. 그의 이론이 한때는 나에게도 상당한 논란거리가 된 적이 있었지만, 지금은 관심조차 없습니다. 왜냐하면 수많은 오류들이 수백 년 동안이나 세계와 대학교에 남아 있었다는 것은 명백한 사실이기 때문입니다.

나는 논리학, 수사학, 시학에 관한 아리스토텔레스의 책들이 보관되거나 젊은이들이 실생활에 적용하면서 웅변하고 설교하는 데 유용하도록 다른 소책자 형식으로 읽혀지는 것에 대해서는 괜찮다고 생각합니다. 하지만 주석서들이나 교본敎本들은 폐기되어야 합니다. 키케로Cicero의 수사학이 주석서나 교본 없이 읽히는 것처럼 아리스토텔레스의 논리학도 방대한 주석 없이 단순한 형태로 읽혀져야 합니다. 그러나 현재 우리는 그의 논리학을 가지고 연설이나 설교도 배우지 않고 있어서, 결과적으로 논쟁과 이로 인한 고통밖에는 남는 것이 없습니다.

이 외에도 라틴어, 희랍어, 히브리어 등의 어학과 수학적 훈련, 역사가 거론되어야 하는데, 나는 이 모든 과목을 전문가들에게 맡기고자 합니다. 그리고 우리가 진지하게 개혁을 시도한다면, 좋은 결과가 나타날 것입니다. 참으로 많은 것이 이런 노력에 달려 있습니다. 이유인즉 기독교의 터전이 되고 있는 기독교 청년과 숭고한 백성이 교육받고 미래를 준비하는 곳이 바로 이곳이기 때문입니다. 그러므로 교황이나 황제에게는 대학교의 철저한 개혁보다 더 가치 있는 일은 없다고 나는 생각합니다. 그리고 개혁되지 않은 대학교보다 더 나쁘고 더 악마적인 것도 없다고 생각합니다.

의사들에게는 자신들의 분야를 스스로 개혁하도록 맡기면 될 것이며, 이제 나는 법학자들과 신학자들의 문제를 다루고자 합니다. 첫째, 교회법은 첫 글자부터 마지막 글자까지 철저히 말살하고, 특히 교황의 칙령은 더더욱 그렇게 해야 한다고 주장하는 바입니다. 성서에는 우리가 매사에 어떻게 행동해야 하는지에 관한 지침이 충분히 들어 있습니다. 따라서 교회법 연구는 성서에 장애가 될 뿐입니다. 이런 연구의 대부분은 그저 탐욕과 오만불손의 분위기만을 드러낼 따름입니다. 설령 그 가운데 좋은 것이 종종 있을지라도, 없애버리는 것이 나을 것입니다. 왜냐하면 교황이 모든 교회법을 그 자신의 **마음의 상자**Herzens Kasten[114] 속에 가두어 놓고 있어서, 차후로 교회법 연구는 무용지물이 되거나 거짓말밖에는 되지 않을 것이기 때문입니다. 오늘날 교회법은 책 속에 들어 있는 것이 아니라, 교황과 그에게 알랑거리는 아첨꾼들의 방자함 속에 들어 있습니다. 당신의 어떤 사안이 간혹 교회법에 철저히 기초해 있었을지라도, 교황은 항상 마음의 상자scrínium péctoris[115]를 준비해 두고 있으며, 따라서 모

114_ 교회법을 자신의 마음대로 다룬다는 의미에서 이 표현을 사용하고 있는데, 앞서 '심정의 유보Gemütes Vorbehalt' 내지 '전권에 의한 자기결정Selbstbestimmung der Vollmacht'이라는 말과도 특권의 남용이라는 측면에서 일맥상통한다. 심정의 유보에 관해서는 각주 41 참조.

115_ 라틴어 표현이며, 독일어로 정확하게 옮기자면 Herzens Schrein 또는 Herzensschrein.

든 법과 온 세상이 그의 마음에 따라 좌우될 수밖에 없습니다. 이 상자를 다스리는 자는 종종 악한이자 악마 자신이지만, 교황 및 그의 추종자들은 성령이 이 상자를 다스린다고 자랑하곤 합니다. 이렇게 그들은 그리스도의 불행한 백성을 다루고 있으며, 이 백성들에게 많은 법령을 강요하면서도 정작 자신들은 전혀 지키지 않습니다. 나아가 이들은 다른 사람들에게 이 법령을 지키게 하거나 돈으로 면제받도록 강요합니다.

교황과 그의 추종자들은 모든 교회법을 폐기하고 이에 주의를 기울이지 않으며, 불손한 의도에 따라 자신들이 온 세상을 지배한다고 생각하기 때문에, 우리도 그들이 하듯이 교회법 관련서적들을 거부하지 않으면 안 됩니다. 무슨 이유로 우리가 이런 것들을 연구하는 데 시간을 낭비해야 합니까? 우리는 지금 교회법이 되어 버린 교황의 방자함의 속내를 결코 알아낼 수가 없습니다. 여러분, 악마의 이름으로 일어섰던 교회법을 하느님의 이름으로 넘어트리고, 그리하여 지상에는 더 이상 교회법 박사가 아니라 오직 교황의 상자 박사doctóres scrínii papális,[116] 교황의 사기꾼만 있게 합시다! 세상의 통치는 터키 사람들에게서 보다 더 좋은 것이 없다고들 말합니다. 터키인들의 경우 영적인 법이나 세상 법도 없으며, 오직 코란만이 있을 뿐입니다. 반면에 우리의 경우 영적인 법과 세상법이 있음에도 우리

Schrein은 Kasten과 바꿔쓸 수 있음.

116_ '마음의 상자'만 있으면 무엇이든지 제멋대로 할 수 있는 교황의 월권과 위선에 대한 조롱.

처럼 수치스런 통치가 없다는 것을 인정하지 않으면 안 됩니다. 그러다 보니 자연의 이치에 따라 사는 계층은 더 이상 없으며, 성경에 따라 사는 계층은 더더욱 적은 것입니다.

하느님, 세상법은 얼마나 혼돈의 상태가 되어버렸는지 모르겠습니다. 허울만 좋은 영적인 법보다야 세상법이 훨씬 더 낫고 치밀하며 공정하지만, 그 법이 지나치게 많아졌습니다. 참으로 성서와 아울러 이성적인 통치자들만 있다면 만사가 해결될 것입니다.[117] 성 바울도 고린도 첫째(6, 1)에서 "여러분 가운데 그 이웃의 사건을 재판할 수 있는 사람이 하나도 없어서, 여러분은 이교도의 법정 앞에서 다투어야만 하겠습니까?"라고 묻고 있습니다. 내게는 지방법과 지방관습이 보편적인 제국법보다 앞에 있어야 하며, 제국법은 필요할 때에만 사용되는 것이 적절하다고 여겨집니다. 모든 지방이 고유한 특성을 지니고 있듯이, 개개의 지방은 그 자체의 간소화된 법에 의해 통치되기를 하느님께 기도합니다. 예컨대 지방들은 제국법이 창안되기 이전에 이미 통치되고 있었고, 또 현재도 많은 지역들이 아직도 제국법 없이 통치되고 있습니다. 포괄적이고 지역 상황과는 거리가 먼 법령들은 사람들에게 부담만 될 뿐이며 일을 촉진하기보다는 오히려 방해가 됩니다. 하지만 나는 다른 사람들이 이 문제에 관하여 내가 할 수 있는 것보다 더 좋은 생각과 견해를 제기하기를 기원

117_ 법을 따짐에 있어 교황과 같은 사기꾼의 법에 호소할 것이 아니라 무엇보다 성서에 호소하고, 그도 아니라면 차라리 가까운 세상법이나 지혜로운 통치자에게 호소하는 것이 낫다는 취지의 말로 보인다. 사도 바울의 말을 예로 든 것도 그런 맥락이라고 생각된다.

합니다.

나의 친애하는 신학자들은 일과 노고를 꺼려 왔습니다. 그들은 성서는 가만히 놔두고 **주해서**Sentenzen[118]나 읽습니다. 내 생각에 주해서는 신학을 배우는 초년생들의 첫 연구서가 되어야 하며, 성서는 박사들의 연구서가 되어야 합니다. 그럼에도 불구하고 순서가 바뀌었습니다. 성서를 맨 먼저 배우고, 학사가 되면 성서를 치우며, 주해서가 끝을 장식합니다. 주해서는 박사학위와 늘 결부되어 있습니다. 게다가 사제가 아닌 사람에게는 성서를 읽어야 하는 거룩한 의무가 주어지는 반면에, 사제는 주해서를 읽지 않으면 안 됩니다. 내가 보건대 기혼자는 성서박사는 될 수 있어도 주해서박사는 될 수 없을 것입니다. 우리가 이처럼 거꾸로 행동하면서 하느님의 거룩한 말씀인 성서를 멀리 치워 버린다면, 어떻게 행운을 바라겠습니까? 그뿐만이 아닙니다. 교황은 갖가지 단호한 말로 학교와 법정에서 자신의 법령을 읽고 사용하라고 명령합니다. 그런데도 복음에 관해서는 거의 생각조차 하지 않습니다. 그러니 학교와 법정에서는 복음이 의자 밑의 먼지 속에 한가로이 놓여 있고, 마침내 교황의 해로운 법령만이 단독으로 군림하게 되는 것입니다.

만일 우리가 성서 선생들이라는 명칭 내지 칭호로 불린다면, 우

118_ 페트루스 롬바르두스Petrus Rombardus(1095~1160)의 4권짜리 명제집에 대한 주해들. 중세의 어느 시기에는 신학도들 사이에 그의 명제집이 성서보다 더 많이 읽힌 적도 있었다고 한다. 브리태니커 사전에 의하면 그의 《신학명제집Sententiarum libri IV》은 중세시대의 표준 신학교재로서 이는 교부들의 가르침과 신학 대가들의 견해를 수집해 체계적으로 정리한 저서이다. 토마스 아퀴나스를 비롯해 수많은 학자들이 이에 대해 주해를 썼다.

리는 그 이름에 걸맞게 어떻게든 성서를 가르쳐야만 하며 다른 어떤 것을 가르쳐서는 안 됩니다. 물론 성서 선생이라는 칭호는 자부심을 가져도 좋을 만큼 자랑스럽고 지극히 훌륭한 직책인 것도 사실입니다. 따라서 성서 선생에 걸맞은 일만 하고 있다면, 그것은 합당하다고 생각합니다. 그러나 지금은 주해서만이 지배적인 형편입니다. 우리는 신학자들에게서 성서의 거룩하고 확고한 가르침보다는 이교적이고 인간적인 생각을 더 많이 보게 됩니다. 이런 상황에서 우리는 무엇을 해야 하겠습니까? 하느님이 우리에게 신학박사를 주시도록 겸손하게 기도드리는 일 외에는 다른 방도가 없다고 나는 생각합니다.

교황과 황제, 대학교들은 문학박사, 의학박사, 법학박사, 주해서 박사를 만들 수 있을 테지만, 성서박사는 하늘의 성령만이 만드실 것이라는 것은 확실합니다. 그리스도께서도 요한복음(6, 45)에서 "그들은 모두 하느님의 가르침을 받아야 합니다"라고 말씀하고 있습니다. 이제 성령께서는 붉은 모자이든 갈색 모자이든, 어떤 치장을 했든 상관하지 않습니다. 또 어떤 사람이 늙었는지 젊었는지, 평신도인지 사제인지, 성직자인지 속인인지, 처녀인지 기혼자인지 묻지도 않습니다. 아니, 성령께서는 옛날에 나귀를 탄 예언자에게 그 나귀를 통해 말씀하셨습니다. 나는 평신도이든 사제이든, 기혼자이든 처녀이든 이런 박사들을 갖게 되기를 하느님께 바랍니다. 하지만 교황과 주교, 박사에게서 성령이 계신다는 징표나 조짐이 없음에도 불구하고, 이들은 지금 성령이 그들 가운데 계신 것처럼 억지로 가장하려 합니다.

신학 서적들 역시 그 수를 줄여야 하며, 가장 좋은 것들로 선정해야 합니다. 그 이유는 많은 책이나 다독多讀이 사람들을 유식하게 하는 것이 아니기 때문입니다. 설령 그 수가 적다 할지라도, 좋은 책을 선정하여 자주 읽는 것이 사람들로 하여금 성서에 해박하게 하고 경건한 자세를 갖게 합니다. 정말이지 우리가 성서로 인도되기 위해서는 거룩한 교부敎父들의 책을 잠시 동안만 읽어야 합니다. 그러나 우리는 이 책들에 빠지기만 하고 성서에는 결코 이르지 못합니다. 우리는 이정표만 확인하고 여행은 떠나지 않는 사람들과 같습니다. 경애하는 교부들은 자신들의 글을 통해 우리를 성서로 인도하려 하였으나, 우리는 그 글을 통해 성서에서 나오려고 합니다. 오직 성서만이 우리 모두가 땀 흘려 일해야 할 우리의 포도원임에도 그러합니다.

무엇보다 기초교육과 대학교에서 가장 중요하고 **보편적인 수업은 성서**여야 하며, 어린 소년들에게는 복음Evangelium이어야 합니다. 그리고 모든 도시마다 소녀들이 매일 한 시간씩 독일어나 라틴어로 복음을 배울 수 있는 여학교도 있게 되기를 하느님께 바랍니다. 진실로 학교들과 수도원 및 수녀원들은 옛날에는 우리가 성 아그네스와 다른 성자들에 관해 읽어서 알고 있듯이 완전히 바람직한 기독교인의 의도로부터 그런 일을 시작했습니다. 당시에는 성녀들과 순교자들이 바로 그러했으며, 기독교의 위상 또한 매우 올곧았습니다. 그러나 지금은 기도하고 노래하는 일 외에는 더 이상 아무것도 하지 않습니다. 모든 기독교인은 9세나 10세쯤이면 거룩한 복음의 뜻을 알아야 하는 것이 당연하지 않겠습니까? 그 안에는 기독교인의 이름과 생명이 깃들어 있기 때문입니다. 옷을 짜거나 바느질하는 여성은

딸에게 어릴 적부터 자신의 일을 가르쳐 줍니다. 그러나 지금 위대하고 박식한 고위성직자들과 주교들까지도 복음을 알지 못합니다.

아, 우리는 우리에게 지도와 교육이 맡겨진 가련한 젊은이들을 얼마나 부적절하게 다루고 있습니까! 우리는 이 젊은이들에게 하느님의 말씀을 가르치지 않는 데 대하여 무거운 책임을 질 수밖에 없습니다. 그들에게 일어나는 일은 애가(2, 11 이하)에서 예레미야가 말하는 것과 같습니다. "내 눈은 눈물로 인하여 지쳐 버리고, 내 창자는 뒤틀려 버렸으며, 내 간은 땅 위에 쏟아졌도다. 이는 내 딸 백성의 파멸로 인하여[119] 젊은이들과 어린이들이 도시의 거리 여기저기서 죽어가기 때문이로다. 그들은 어머니 품속에서 어머니에게 떡과 포도주가 어디에 있느냐고 묻고는, 거리에서 부상자처럼 기력을 잃어가고 있었노라." 우리는 이 참상을 눈여겨보고 있지 않습니다. 지금도 젊은이들이 기독교 한복판에서 기력을 잃고 비참하게 죽어가고 있는데, 그것은 복음이 부족하기 때문입니다. 우리는 젊은이들에게 언제나 복음을 전하고 훈련시켜야 합니다.

만일 대학교들이 성서 공부에 열중하고 있다면, 오늘날처럼 그 숫자만을 문제시하면서 모두가 박사학위를 가지려고 하는 때에는 누구나 거기에 보낼 것이 아니라, 먼저 기초교육 기관에서 잘 교육받은 가장 유능한 학생들만을 보내는 것이 바람직합니다. 이에 대해서는 각 도시의 영주나 시의회가 주의를 기울이고, 아주 숙련된 학

119_ 위의 번역은 어느 개신교 성서번역을 따랐는데, 독일어 원문에는 다음과 같이 씌어 있다. um des Verderbens willen der Tochter meines Volks.

생들 외에는 보내지 않도록 해야 합니다. 그러나 성서를 중시하지 않는 대학교에는 어느 누구도 그의 아들을 보내지 말라고 충고하는 바입니다. 하느님의 말씀을 끊임없이 따르지 않는 사람은 언제나 멸망의 구렁텅이에 빠지게 되어 있습니다.

그러므로 우리는 대학교에는 갔으나 이런 무리들에 빠져드는 경우를 보게 되는 것입니다. 이에 대한 책임은 전적으로 젊은이들의 교육을 맡고 있는 교황과 주교들, 고위성직자들입니다. 왜냐하면 대학교들은 예컨대 주교와 사제가 될 수 있는 성서에 밝은 사람들을 교육시킴으로써, 이단자와 악마 및 온 세상과 맞서 싸우는 선봉장들을 육성해야 하기 때문입니다. 그러나 이런 사람들을 우리는 어디서 볼 수 있습니까? 만일 대학교에서 젊은이들에게 성서를 열심히 가르치지 않거나 마음에 심어주지 않는다면, 대학교가 지옥문이나 되지 않을까 대단히 우려됩니다.

<26>

로마의 무리들은 교황이 **신성로마제국**을 그리스인 황제에게서 빼앗아 독일인들에게 넘겨준 사실을 들먹이며 언제나 자랑삼아 떠벌릴 것을 나는 잘 알고 있습니다.[120] 교황은 이에 대한 명예와 은혜의 대가로 독일인들에게서 복종과 감사와 모든 좋은 것을 받아 마땅

120_ 이후 몇 쪽 뒤의 본문 "모든 것을 통치한다"까지는 루터가 초판에 없던 것을 제2판에 추가로 끼워 넣은 내용이다.

하다는 것입니다. 따라서 이들은 개혁하려는 모든 시도를 슬그머니 무산시켜 버리고자 획책하는 한편, 로마제국이 지닌 천부적 재능 외에는 어떤 것도 안중에 두지 않으려 합니다. 그리하여 이들은 이제껏 여러 뛰어난 황제들을 말로는 형용할 수 없을 만큼 오만방자하게 박해하고 억압하였으며, 이와 똑같은 술책으로 거룩한 복음에 반하여 스스로 모든 세상권력과 통치권의 수장首長이 되었습니다. 그러므로 나는 이에 관해 항변할 수밖에 없는 것입니다.

예언자들이 민수기(24, 24)와 다니엘서에서 예언한 진정한 로마제국은 무너져 멸망한 지 이미 오래되었습니다. 이는 발람이 민수기 24장에서 분명히 예언한 대로 "로마 사람들이 와서 유태인들을 무너트릴 것이며, 나중에는 그들도 멸망하리라"고 말한 것과 같습니다. 로마의 멸망은 고트족에 의하여 이루어졌습니다. 그러나 특히 약 1000년경에는 터키제국이 등장하면서 점차 아시아와 아프리카가 몰락의 길을 걸었고, 이후 프란시아Francia[121]와 히스파니아Hispania[122]가 망하면서 베네치아가 일어섰습니다. 따라서 로마는 과거에 누렸던 권세를 전혀 갖지 못하는 상태가 되었던 것입니다.

바로 교황이 그리스인들과 세습적으로 로마황제를 물려받은 콘스탄티노플[123]의 황제를 자신의 오만한 뜻대로 굴복시킬 수 없었을

121_ 게르만 민족의 일부로서 프란키아Frankia라고도 하는데, 후에 프랑크왕국으로 발전한다. 지역적으로는 현재의 독일 서남부 지역.

122_ 로마 시대에는 이베리아 반도를 가리키는 곳으로 현재의 스페인 지역.

123_ 로마 공화정 치하에서는 자유도시였으며 324년 콘스탄티누스 1세가 수도로 채택. 현재는 터키의 이스탄불.

때, 제국과 그 칭호를 콘스탄티노플의 황제에게서 빼앗아 당시에 호전적이면서도 평판이 좋았던 독일인들에게 넘겨주려는 책략을 고안해 냈던 것입니다. 이는 로마제국의 권력을 자신에게 복속시켜서 이를 자기 뜻대로 영지화領地化하려는 속셈으로, 결과 또한 실제로 그렇게 되고 말았습니다. 다시 말해 교황은 로마제국을 콘스탄티노플의 황제에게서 탈취하여 그 이름과 칭호를 우리 독일인들에게 양도했습니다. 그리하여 우리는 교황의 종들이 되어 버렸습니다. 이제는 교황이 독일인들 위에 세운 다른 로마제국이 있습니다. 왜냐하면 본래의 로마제국은 이미 언급했듯이 오래 전에 멸망했기 때문입니다.

이렇게 로마교황청은 방자한 뜻을 이루었습니다. 교황청은 로마를 점유하고 독일황제를 로마에서 쫓아내면서 서약으로 로마에 살지 못하도록 압박하였습니다. 황제는 로마황제여야 함에도 로마를 차지하지 못하게 되었고, 나아가 그는 언제나 교황과 그의 추종자들의 변덕에 매달려 활동하지 않을 수 없었습니다. 결과적으로 우리는 이름만을 갖게 되고 교황의 무리들은 영토와 도시를 갖게 되었습니다. 그들은 언제나 그들의 오만과 횡포에 굴복하도록 우리의 순박함을 교묘하게 이용했습니다. 그들은 우리를 미친 독일인tolle Deutsche이라고 부르며 자신들 뜻대로 원숭이 놀음을 하게 하거나 바보로 만들었습니다.

하지만 제국과 공국들을 이리저리 뒤흔드는 것은 주 하나님에게는 사소한 일에 불과합니다. 하나님께서는 너무나 관대하시므로 때로는 사악하고 불성실한 사람들의 변절을 통하여, 때로는 상속자를 통하여 왕국을 경건한 사람에게서 빼앗아 악한에게 주시기도 합니다. 우리는 페르시아와 그리스 및 많은 왕국에서 이를 보아왔습니다. 이는 다니엘(2, 21)과 (4, 14)에 기록되어 있는 바와 같습니다. “만물을 다스리는 그분은 하늘에 거하시며, 또한 왕국들을 바꾸시고 이리저리 흔들어 세우는 그분은 오직 하느님 한 분이시다.” 그러므로 어느 누군가가 기독교인일 때, 그에게 한 나라가 주어지는 것을 대단한 것으로 간주할 수 없듯이, 우리 독일인들도 역시 새로운 로마제국이 주어졌다 하여 우쭐한 마음을 가질 수 없습니다. 그도 그럴 것이 이는 하느님께서 보시기에는 보잘 것 없는 선물에 불과하기 때문입니다. 하느님께서는 이런 선물을 아주 쓸모없는 자에게 주시는 경우가 많습니다.” 다니엘(4, 32)도 다음과 같이 기록하고 있습니다. “지상에 거하는 모든 것은 하느님이 보시기에 아무것도 아닌 어떤 것이다. 하느님께서는 인간이 사는 어떤 나라에서든 누군가가 원하는 것을 주실 수 있는 권능을 가지고 계신다.”

교황이 본래의 황제에게서 로마제국이나 그 이름을 부당하게 폭력으로 빼앗아 우리 독일인들에게 넘겨준 것도 사실이지만, 그럼에도 하느님께서 독일 국민에게 이런 제국을 주시고 또 로마제국의 멸망 이후로 현재 존속하는 제국들을 세우기 위하여 교황의 사악함을 이용하셨다는 것은 확실합니다. 그런데 우리는 교황들의 악행과 관련하여 어떤 동기도 유발한 적이 없었고, 그 밖에 그들의 거짓된 시도와 목적을 헤아리지도 못했습니다. 그럼에도 불구하고 우리는 교황의 기만된 술책을 통하여 무수히 많은 유혈과 자유의 억압 등을 당했으며, 그 모든 우리의 재물, 특히 교회와 성직록에 속한 재물의 손상 및 강탈, 이루 말할 수 없는 기만과 수치를 인내함으로써 제국의 대가를 톡톡히 지불했습니다. 우리는 제국의 이름을 가지고 있지만, 교황은 우리의 재산, 명예, 육체, 생명, 영혼 및 우리가 지닌 그 모든 것을 가지고 있는 것입니다. 이렇게 그들은 독일인들을 속이고 있습니다. 이름뿐인 제국의 대가로 우리의 모든 것을 소유하고 있으니 이 거래는 속임수입니다. 요컨대 교황들이 추구한 것은 황제가 되었으면 하는 것이었습니다. 교황들이 그렇게 되지는 못했지만, 그들은 황제들 위에 군림할 수 있었습니다.

제국은 우리의 잘못 없이 하느님의 섭리와 악인의 유혹에 의해 우리에게 주어졌으므로 나는 이를 포기하라고 충고하지 않겠습니다. 오히려 하느님을 기쁘게 해드리는 한, 하느님을 두려워하는 가운데 제국을 성실하게 통치하라고 충고하고 싶습니다. 언급한 바와 같이 하느님께는 제국이 어디에서 오는가 하는 것은 중요한 것이 아니기 때문입니다. 하느님은 우리의 제국 통치를 바라고 계십니다. 물론 교황들이 제국을 부정직하게 다른 사람들에게서 빼앗기는 했지만, 우리가 그것을 부정직하게 얻은 것은 아닙니다. 제국은 하느님의 뜻으로 악인들을 통하여 우리에게 주어졌습니다. 우리는 교황들의 사악한 견해보다 하느님의 뜻을 더욱 중시합니다. 교황들은 애초에 그들 스스로가 황제가 되거나 황제 이상의 존재가 되고자 했으며, 제국이라는 이름만으로 우리를 조롱하고 기만하려고 했습니다. 과거에 바빌로니아의 왕도 그의 왕국을 강탈과 폭력으로 빼앗았습니다. 그럼에도 불구하고 이 왕국을 거룩한 영주들인 다니엘, 하나냐, 아사랴, 미사엘[124]이 통치하는 것이 하느님의 뜻이었습니다. 마찬가지로 이 제국을 독일의 기독교인 영주들이 통치하는 것이 하느님의 뜻이었습니다. 교황이 이를 훔쳤든 강탈했든 새롭게 만들었든, 그런 것은 상관없습니다. 우리가 알기 이전에 일어난 일은 모두가 하느님의 계명에 의한 것입니다.

그러므로 교황과 그의 추종자들은 로마제국을 수여함으로써 독일국민에게 많은 것을 해주었노라고 자랑해서는 안 됩니다. 그 이유는 첫째로 이들이 우리에게 어떤 좋은 것을 베풀기 위해서가 아니라 우리의 소박함을 악용하려 했기 때문입니다. 이들은 콘스탄티노플의 로마황제에 반하여 자신들의 오만한 태도를 강화하려 했습니다. 교황이 하느님과 율법을 거슬러 이 제국을 탈취했으나, 그에게는 그럴 권한이 없는 것입니다. 둘째로 교황은 이를 통해 제국을 우리에게 주려는 것이 아니라 실제로는 자기 권력에 예속시킴으로써 우리의 모든 권리, 자유, 재산, 육체와 영혼을 자신에게 굴복시키고 또 우리를 통하여 (만일 하느님께서 막지 않았더라면) 온 세상을 정복하려고 했기 때문입니다. 교황 스스로가 그의 교서에서 이를 분명히 피력한 바 있으며, 여러 가지 사악한 술책과 많은 독일 황제들을 앞세워 이런 계획을 도모해 왔습니다. 이런 식으로 우리 독일인들은 독일어를 그럴싸하게hübsch[125] 배워 왔습니다. 요컨대 우리가 주인Herr

124_ 다니엘(1, 19).

125_ 전후 문맥으로 볼 때 매우 아이러니한 표현으로 볼 수밖에 없다.

이 되었다고 생각했을 때, 우리는 가장 교활한 폭군의 종Knecht이 되어 있었습니다. 우리는 지금 제국의 이름과 칭호, 문장紋章을 가지고 있지만, 교황은 제국의 보물과 권위, 법과 자유를 보유하고 있습니다. 이처럼 교황은 알맹이를 빼먹고, 우리는 텅 빈 껍질만 갖고서 자족自足해 합니다.

간악한 폭군들을 통하여 (언급한) 제국을 우리에게 주시고 우리로 하여금 통치할 것을 명하신 하나님 도와주소서. 우리에게 그 이름과 칭호와 문장대로 행하게 하시고, 우리의 자유를 구하도록 하시며, 우리가 로마인들을 통하여 하느님께 받은 것이 무엇인가를 그들에게 다시 한 번 보여주게 하소서. 그들은 우리에게 제국을 주었노라고 자랑하는데, 그것이 사실이라고 해둡시다. 그렇다면 교황은 로마와 제국으로부터 가져간 모든 것을 우리에게 되돌려 달라고 요구합시다. 그의 어마어마한 세금과 착취에서 우리의 영토를 해방시키고, 우리의 자유, 권위, 재산, 명예, 육체와 영혼을 되돌려 달라고 요구합시다. 그리하여 제국은 제국 본연의 모습을 찾아야 할 것이며, 그의 말과 내세우는 주장은 충실히 이행되어야만 합니다.

그러나 교황은 이를 이행하려 하지 않습니다. 무엇 때문에 그는 거짓되고 날조된 말과 술책으로 기만적인 태도를 취하는 것일까요? 수백 년 동안이나 이 고귀한 국민을 끊임없이 그토록 무례하고 방자하게 이끌고 다닌 것으로도 충분하지 않다는 말입니까? 교황이 황제를 정하고 대관식을 집행한다고 해서 그가 황제보다 위에 있어야 한다는 법은 없습니다. 예언자 사무엘은 하느님의 명령으로 사울과 다윗 왕[126]에게 기름을 붓고 왕위에 오르게 하였으나 그는 그들의 신하였습니다. 그리고 예언자 나단은 솔로몬 왕[127]에게 기름을 부었으나, 그로 인해 자신을 솔로몬보다 위에 두지 않았습니다. 나아가 엘리사 역시 그의 종들 가운데 한 사람으로 하여금 이스라엘의 예후 왕[128]에게 기름을 붓게 했으나, 예후 왕에게 계속 복종하였습니다. 왕을 서임하거나 왕위에 오르게 한 자가 왕보다 더 위에 있는 경우는 오직 교황의 경우 외에는 이 세상에 단 한 번도 없었습니다.

교황 자신도 자기 아래의 세 추기경에 의해 교황 자리에 오르지만, 그는 그들의 위에서 군림합니다. 그렇다면 왜 그는 자신의 본보기를 거스르고, 온 세상 및 성서의 실천과 가르침에 반하여 황제를 보좌에 오르게 하거나 서임한다고 해서 그 자신을 세상권력 및 황제의 권위보다 더 높여야 한단 말입니까? 교황이 하느님의 일에서 황제보다 위에 있는 것, 즉 설교하고 가르치고 성사를 집행하는 일에서 주도권을 갖는 것으로 충분합니다. 실제로 이런 일에 있어서는 주교나 사제도 다른 사람 위에 있게 됩니다. 하느님의 일에 있어서 성 암브로시우스Ambrosius[129]가 테오도시우스Theodosius[130] 황제 위에 있었고, 예언자 나단이 다윗 위에 있었으며, 사무엘이 사울 위에 있

126_ 사무엘 첫째(10, 1)과 (16, 13).

127_ 열왕기 첫째(1, 38 이하).

128_ 열왕기 둘째(9, 6).

129_ 〈루가의 복음해설집〉(390)이 가장 잘 알려진 그의 저서인데, 특히 그가 지은 찬송가들은 아직도 큰 업적으로 남아 있다.

130_ 암브로시우스는 390년 테오도시우스 황제에게 데살로니가에서 있었던 무력보복에 대해 공식 참회할 것을 요구하는데, 그는 어쩔 수 없이 이 요청에 따른다.

었던 것과 마찬가지입니다. 그러므로 **독일황제**를 정말 황제다운 황제가 되도록 해야 하며, 그의 권위나 칼이 교황 측근 위선자들의 맹목적 주장에 억압되지 않도록 해야 합니다. 마치 그들은 매사에 칼 따위는 아무것도 아니라는 듯 방자하게 세상권력을 핍박합니다.

성직자들의 결점을 올바르게 고찰하면 더 많은 것을 찾게 되고 찾을 수 있을 테지만, 이것으로 충분하다고 생각하며 이만 할까 합니다. 이제는 세상 사람들에 대하여 몇 가지 지적하고자 합니다. 첫째로 독일은 의복의 **과도한 사치**와 낭비를 금하는 일반 명령과 법제화가 아주 시급하다 하겠는데, 이를 통해 수많은 귀족들과 부호들이 빈곤에 빠질 우려가 있기 때문입니다. 하느님께서는 다른 나라들에게 주신 것처럼 우리에게도 모든 신분에 어울리는 훌륭한 의복을 만들도록 양모와 털, 아마 및 다른 모든 것을 충분히 주셨습니다. 따라서 우리는 비단과 우단, 금장식 및 다른 외국 물품들을 구입하기 위하여 이렇게 거액의 돈을 물 쓰듯 낭비할 필요가 없습니다.

설령 교황이 무지막지한 착취로 우리 독일인들을 더 이상 약탈하지는 않는다 해도, 우리나라에는 여전히 날강도처럼 비단 및 우단을 파는 악덕상인들이 너무 많다고 나는 생각합니다. 이런 실정에서는 모두가 다른 사람의 의복 수준과 같아지려고 하면서 상호 간에 우쭐하거나 이를 시기하는 경향이 더욱 심해지고 격해지는 양상을 우리는 목격하게 됩니다. 만일 하느님께서 우리에게 주신 재물에 대하여 우리의 호기심이 잠잠해지고 또한 감사하는 마음으로 흡족해 한다면, 이 모든 사태나 더 비참한 일들은 아마 중단될 것입니다.

마찬가지로 큰 배에 하나 가득 실려 오는 **향신료香辛料의 소비**도 줄일 필요가 있습니다. 그만큼 엄청난 돈이 독일 밖으로 빠져나가고 있습니다. 하느님의 은총으로 어떤 다른 나라보다 우리에게는 먹고 마실 음식이 더 많이 생산되며 품질도 좋습니다. 어쩌면 나는 지금 어리석고 불가능한 것을 제기함으로써 마치 내가 상행위, 가장 거대한 교역을 철폐시키려고 한다는 인상을 주는 것은 아닌지 모르겠습니다. 그러나 나는 내가 해야 할 일을 하고 있습니다. 만일 전반적으로 개혁이 되지 않을 것 같으면, 우선 개혁의지를 가진 사람 스스로가 고쳐나가도록 하십시오. 나는 일찍이 상업을 통하여 한 나라에 들어온 미풍양속을 그리 많이 보지 못했습니다. 그리고 하느님께서는 예전에 이런 이유로 이스라엘 백성을 바다에서 멀리 떨어져 살게 하셨으며, 또한 이들 대다수를 상업에 종사하지 못하게 하셨던 것입니다.

그러나 독일의 가장 큰 불행은 확실히 **연부금年賦金 거래**[131]입니다. 만일 연부금 거래가 없다면, 많은 사람들이 분명히 비단이나 우단, 금장식, 향신료 및 온갖 사치품을 사지 못하는 형편에 있게 될 것입니다. 이런 거래는 100년 남짓 되었는데, 이미 거의 모든 영주들, 시설들, 도시들, 귀족 및 그들의 후손들이 빈곤과 비참, 파멸에 이르렀습니다. 만일 그것이 100년만 더 지속된다면, 독일은 한 푼도 소유하지 못하는 빈국貧國으로 전락할 것입니다. 아니, 어쩌면 우리

131_ 독일어로는 Zinskauf 또는 Rentenkauf라고 하며, 임대차에 의한 이자를 주거나 받는 행위.

는 서로를 잡아먹어야만 하는 극한적 상황에 처하게 될지도 모릅니다. 악마가 이를 고안해냈으며, 교황은 이를 비준함으로써 세상 사람들에게 고통을 주고 있습니다. 그러므로 나는 모두가 자기 자신과 자녀들과 후손들의 파멸이 임박해 있음을 부디 직시하기를 진정으로 부탁합니다. 파멸은 문 앞에 있는 것이 아니라, 이미 집 안에 들어와 소리를 내고 있습니다. 황제, 영주들, 군주들 및 도시들은 가능한 한 빨리 연부금 거래를 징벌하고 차후로는 못하도록 금지시켰으면 합니다.

교황과 실은 불법인 그의 법들이 연부금 거래금지에 반대하든 아니든, 또한 영지들이나 교회시설들이 그것에 근거를 두고 있든 아니든 상관없습니다. 어느 도시에 연부금 거래에 근거를 둔 100개의 영지보다 공정한 세습지Erbgut 관례에 근거하는 하나의 영지가 더 좋습니다. 실로 연부금 거래에 근거를 둔 하나의 영지는 세습지 관례에 근거하는 20개의 영지보다 상황이 더 나쁘고 암담합니다. 참으로 이런 연부금 거래는 세상이 큰 죄를 지어 악마에게 팔려 버린 데 대한 비유이자 표징임에 틀림없습니다. 우리는 현세적 재산과 영적 재산 모두를 잃고 있음에도 불구하고 이를 전혀 알아차리지 못하고 있습니다.

여기서 **푸거 가문**[132]과 이와 유사한 사업체에 대해서도 언급해야겠습니다. 어떻게 한 사람이 사는 동안 제왕이나 가질 수 있는 엄청난 재산을 하느님의 뜻에 반하지 않고 정당하게 모을 수 있는 것

132_ 각주 47 참조.

일까요? 나는 정확히 계산하는 재주는 없습니다. 그러나 어떻게 100굴덴을 가지고 1년에 20굴덴을 벌어들일 수 있으며, 정말 어떻게 1굴덴으로 또 1굴덴을 벌어들일 수 있는지 도저히 이해가 되지 않습니다. 더구나 재산의 증식이 인간의 영리함에 의한 것도 아니고, 하느님의 축복에 달려 있는 농업 내지 목축에 의한 것도 아니라니 말입니다. 나는 이런 문제를 세상 이치에 밝은 사람들에게 맡기는 바입니다. 나는 그저 신학자로서 뭔가 사악한 낌새 이외에는 나무랄 곳을 찾아내지 못하겠습니다. 이에 관해 성 바울은 "온갖 형태의 악을 피하십시오"[133]라고 말하고 있습니다. 우리가 농사일을 늘리는 대신 상업을 축소하는 것이 하느님께 훨씬 경건한 일이며, 또 성서에 따라서 땅을 일구고 거기서 먹을 것을 구하는 사람이 훨씬 더 좋은 것이라는 것을 나는 잘 알고 있습니다. 다음과 같이 아담을 통하여 하신 하느님의 말씀은 우리 모두에게도 귀감이 됩니다. "네가 땅에서 일할 때에 땅이 저주를 받으리라. 땅은 너에게 엉겅퀴와 가시나무를 낼 것이니, 네 얼굴에 땀을 흘려야 너는 빵을 먹으리라." 그렇습니다, 아직도 경작되지 않은 대지가 많이 있습니다.

다음에는 외국에서 우리 독일인들의 특별한 악습으로 좋지 않게 떠들어 대는 **폭식과 폭음**에 대해 말하고자 합니다. 이는 아무리 설교를 해도 시정되지 않을 만큼 뿌리를 깊이 내리고 만연되어 있습니다. 이로 인한 재물의 낭비야 별것 아니겠습니다만, 여기에는 패륜과 살

133_ 데살로니가 첫째(5, 22).

인, 간통, 도둑질, 신성모독 등 다른 부도덕이 뒤따르기 십상입니다. 세상권력의 칼은 어느 정도 이를 방지할 수 있을 것입니다. 그렇지 않다면 그리스도께서 말씀하신 것처럼 될 것입니다. 즉 "이들이 먹고 마시고 구혼하고 사랑하고, 세우고 심고, 사고 팔 때에, 심판의 날이 숨겨진 올무처럼 갑자기 올 것입니다."[134] 지금 이런 조짐이 너무나 농후해지고 있습니다. 사람들은 이에 대해 조금도 생각하고 있지 않지만, 나는 진실로 심판의 날이 눈앞에 닥쳐오기를 바랍니다.

끝으로 우리 기독교인들 모두가 **순결의 세례**를 받았음에도 불구하고, 우리들 중 일부가 자유롭게 출입할 수 있는 사창가를 유지시켜야 한다고 주장하는 것은 가련한 일이 아니겠습니까? 몇몇 사람들은 이에 관해 다음처럼 말하는 것을 나는 잘 압니다. 즉 이런 것은 한 민족의 습성이 되어 버렸을 뿐만 아니라 철폐하는 것 또한 어렵다는 것입니다. 더욱이 결혼한 부인이나 처녀, 또는 고귀한 여성들이 능욕을 당하는 것보다 이런 것이 있는 것이 차라리 낫다는 것입니다. 그러나 이 세상의 기독교 정권은 이교도적인 방법으로는 이런 일을 예방할 수 없다는 것을 서슴없이 나타내야만 합니다. 이스라엘 백성은 이런 불법행위 없이도 존립할 수 있었습니다. 그런데 왜 우리 기독교인들은 오늘날 그들이 한 만큼 잘할 수 없단 말입니까? 아니, 어떻게 많은 도시와 시장, 작은 구역과 마을은 사창가 없이도 잘 유지되고 있습니까? 그러므로 대도시들도 역시 이런 것이 없다고 유

134_ 루가(21, 34 이하).

지되지 않을 이유가 없는 것입니다.

그러나 나는 이 문제와 앞서 언급한 다른 문제들과 관련하여 세상정부가 얼마나 많은 선행을 할 수 있으며, 또 모든 정부의 임무가 어떠해야 하는지를 지적하려고 했습니다. 이를 통해 각자가 높은 위치에서 통치한다는 것이 얼마나 두려운 일인가를 부디 깨달았으면 좋겠습니다. 만일 어느 통치자가 이런 일에서 자기 백성들을 열심히 도우려 하지 않는다면, 그가 설령 자기 자신에 대해 베드로처럼 경건하다 할지라도 무슨 소용이겠습니까? 그렇다면 그는 직무태만의 죄과를 피할 수 없을 것입니다. 통치자는 자신의 백성들에게 최고의 선을 찾아주는 것이 의무이기 때문입니다. 그러나 만일 통치자가 **젊은이들의 결혼**을 중시하고 있다면, 결혼생활에 대한 희망이 유혹에 빠질 수 있는 젊은이들로 하여금 유혹을 물리치게 하는 데 큰 도움이 될 것입니다.

하지만 지금 모든 사람이 사제직이나 수도사 생활에 이끌리고 있는데, 그들 가운데 생계를 구하는 일 이외에 어떤 다른 이유를 가진 사람이 백의 하나라도 있는지 심히 우려가 됩니다. 더구나 이런 사람이 결혼생활을 할 경우 스스로 부양할 수 있는지도 의심스럽습니다. 그러므로 이들은 처음에는 방종하게 생활하다가, 경험이 알려주듯이 일단 욕정에 빠지면 대체로 자신들의 모든 것을 탕진하려 합니다. 나는 절망이 대다수의 수도사와 사제를 만든다는 금언은 사실이라고 생각합니다. 우리가 목도하고 있듯이 현 상황이 바로 그렇습니다.

또 하나 내가 진심으로 충고하자면, 많은 죄들을 피하기 위해서는 소년이나 소녀들이 서른 살 이전에는 정절과 **영적생활의 약속**을 하지 못하도록 해야 한다는 것입니다. 바울이 말하는 것처럼 이는 특별한 은총입니다.[135] 그러므로 하느님께서 특별히 권유하지 않는 사람은 성직자가 되거나 서약하는 것을 연기하는 게 좋습니다. 아니 더 나아가 다음과 같이 말하고 싶습니다. 당신이 결혼생활에서 스스로 부양할 수 없을 만큼 하느님을 신뢰하지 못하거나 다만 불신임으로 인해 성직자가 되려고 한다면, 나는 당신 자신의 영혼을 위해서라도 성직자가 되지 말고 오히려 농부나 뭔가 당신이 원하는 것이 되라고 요청하고 싶습니다. 만일 최소한의 생계를 유지하기 위하여 하느님에 대한 한 번의 신뢰가 있어야 한다면, 성직자 생활을 지속하기 위해서는 열 번의 신뢰가 있어야 하기 때문입니다. 만일 당신이 하느님께서 당신을 실제로 부양하리라는 것을 신뢰하지 않는다면, 어떻게 하느님이 당신을 영적으로 부양하리라는 것을 신뢰하겠습니까? 아, 불신과 불신임은 모든 것을 멸망시키고, 우리로 하여금 모든 계층에서 드러나는 온갖 비참한 상태에 이르게 합니다. 이 비참한 상태에 대해서는 더 이상 할 말이 없을 것 같습니다.

젊은이들을 그 누구도 돌보지 않는다는 것은 문제입니다. 젊은이들은 되는 대로 살아가고 있으며, 당국은 전혀 없는 것과 마찬가지로 그들에게는 의미가 없습니다. 교황, 주교들, 군주들과 공의회야말로 젊은이들의 문제에 가장 주의를 기울여야 합니다. 하지만 이

135_ 고린도 첫째(7, 7): 각자는 하느님께 받은 선물이 있어서, 이 사랑은 이러하고 저 사랑은 저러합니다.

들은 포괄적으로 모든 일을 관장하려 할 뿐, 정작 젊은이들에게는 소용이 없습니다. 설령 이들이 하느님을 위해 100개의 교회를 세우고 모든 죽은 자들을 일깨운다고 해도, 바로 이런 까닭에 존귀한 각하나 지도급 인사는 하늘나라에서는 보기 드문 존재가 될 것입니다.

이번에는 이것으로 족합니다. 세상의 권력자와 귀족이 해야 할 일에 대해서는 선행에 관해 언급한 소책자에서 충분히 말했다고 생각합니다. 왜냐하면 이 사람들의 생활과 통치에는 개선의 여지가 있기 때문입니다. 내가 이 책자에서 지적한 것처럼 세상권력과 영적 권력의 남용은 비교의 대상이 아닙니다.[136]

내가 돌이켜 보아도 나는 너무 목청을 높여 노래 불렀고, 불가능하게 여겨지는 많은 사안들을 제기했으며, 많은 문제점을 신랄하게 공격한 것 같습니다. 이렇게 하지 않는다면, 나는 도대체 무엇을 할 수 있겠습니까? 나는 말해야 할 책무가 있습니다. 만일 가능하다면, 나는 나의 말을 행동으로 옮기고 싶습니다. 하느님의 분노보다는 세상의 분노가 나에게 닥치기를 기다리겠습니다. 언제든지 사람들은 내 생명을 앗아갈 수 있습니다. 나는 이제까지 나의 상대방들에게 평화를 여러 번 제안하였습니다. 그러나 이제 하느님께서는 이들로 말미암아 나에게 입을 점점 더 크게 열도록 하셨으며, 또한 이들을 향해 충분히 말하고 소리치고 울부짖고 쓰도록 명하셨습니다. 그럴 수밖에 없는 것이 이들은 하는 일이 전혀 없기 때문입니다. 아, 나는

136_ 이 한 단락은 제2판에 추가로 들어간 내용이다.

로마에 있는 자들에 대한 또 하나의 짧은 노래를 알고 있습니다. 만일 이들의 귀가 듣고 싶어 간질거린다면, 나는 이 노래 역시 가장 높은 음조로 부르겠습니다. 사랑하는 로마여, 내가 말하는 것이 무슨 뜻인지 그대는 이해하리라 믿습니다.

나는 내 글들을 심의받기 위하여 여러 차례 제출한 바 있습니다만, 아무 소용이 없었습니다. 만일 나의 일이 올바르다면 지상에서는 징벌을 받아야 하지만, 그러나 그리스도에 의해서만은 하늘에서 정당성을 인정받아야 한다고 나는 생각합니다. 기독교인 내지 기독교와 관련된 사안은 오로지 하느님에 의해서만 심판받아야 한다는 것을 성서가 전적으로 보여주고 있기 때문입니다. 그것은 한 번도 사람에 의해 정당화된 적이 없었으며, 언제나 반대가 너무 크고 강하게 뒤따랐습니다. 나는 내가 제기한 것이 징벌을 받지 않고 그대로 남아 있을까 가장 염려되고 두렵습니다. 그렇다면 내 주장이 아직도 하느님을 기쁘게 하지 못한다는 것을 나는 확실히 인정하지 않을 수 없을 것입니다.

그러므로 교황, 주교, 사제, 수도사이든 학자이든 용기 있게 모습을 나타내 보십시오. 이들은 언제나 그래왔듯이 진리를 박해하는 데 적합한 사람들입니다. 하느님, 우리 모두에게 기독교인의 분별력을 주시고, 특히 독일의 기독교 귀족에게 불쌍한 교회를 위해 최선을 다할 수 있는 영적 용기를 주소서.

아멘.

옮긴이 후기

이 책 《독일 기독교 귀족에게 고함》(1520)을 좀 더 심층적으로 이해하기 위해서는 우선 1500년을 전후한 시기의 유럽, 특히 교황, 황제, 제후들 사이에 벌어진 복잡한 힘의 역학관계를 어느 정도 알아야 할 필요가 있을 것 같다. 특히 이탈리아의 민족의식을 주창한 호전적 기질의 교황 율리우스 2세(1443~1513)와 그의 사후 교황에 오른 레오 10세(1475~1521)의 행적, 또한 이들과 맞서 힘을 겨루던 신성로마제국 및 프랑스 등의 동향은 루터의 종교개혁과 여러 가지 측면에서 맞물려 있다.

이를 간단히 요약하자면, 교황 율리우스 2세는 신성로마제국과 프랑스와 동맹을 맺고 베네치아로부터 잃었던 영지를 수복한다. 이어서 프랑스와도 수차례 전쟁을 벌여 결국 프랑스군을 알프스 북쪽으로 쫓아내는 데 성공한다. 그러나 이탈리아 반도의 통일이라는 꿈은 이루지 못한 채 1513년 병으로 사망하고, 레오 10세가 교황에 오른다. 레오 10세는 1516년 신성로마제국 및 영국과 동맹을 맺고 프랑스와 전쟁을 거듭하지만 끝내 마리냐노 전투에서 패배함으로써 프랑스에 많은 영지領地들과 성직자 지명권을 이양하게 된다. 이런 와중에서 레오 10세는 막대한 전쟁비용을 치러야 했고, 또한 성 베드로 성당을 건립하기 위해 막대한 돈이 필요하게 되자 면죄부 판매를 다시 공식화하지 않을 수 없게 된다. 그리하여 1517년에는 탁발수도회 수도사들이 독일에 들어와 면죄부 판매를 위한 설교까지 하게 되는데, 이때 루터는 면죄부 판매에 반대하는 〈95개 논제〉를 비텐베르크 성당 문에 내걸어 종교개혁의 신호탄을 쏘아 올린다.

이에 대해 교황은 루터를 로마로 소환하여 단죄하려고 하지만, 작센의 프리드리히 선제후(1486~1525)와 비텐베르크대학 당국이 루터를 보호하고 나서는 바람에 이 시도는 실패로 돌아간다. 이후 아우구스부르크에서 교황의 면죄부 승인을 인정하라는 카예탄Kajetan 추기경의 요구(1518), 잉골슈타트의 신학교수인 요한 엑크Johann Eck와의 이른바 라이프치히 논쟁(1519)에 있어서도 루터는 자신의 뜻을 굽히지 않았다. 그러자 교황은 1520년 루터의 파문을 예고하는데, 이때 루터는 독일의 기독교 귀족들이 단합하여 로마의 교황과 그의 추종자들에 대항할 것을 촉구하는 이 책을 쓰게 된다. 여기서 루터는 영적 권위가 세상권위보다 우위에 있다는 교황들의 주장을 부정하고, 베드로 첫째(2, 9)를 인용하여 세례받은 사람들은 누구나 제사장이 될 수 있다고 규정한다.

루터는 이 책에서 교황은 자신을 보호하고 개혁을 피하기 위하여 세 개의 장벽drei Mauern을 두르고 있다고 비판한다. (1) 성직자의 권위가 세상권위보다 우위에 있다는 것, (2) 교황만이 성서를 실수 없이 해석할 수 있다는 것, (3) 교황만이 합법적 공의회를 소집할 수 있다는 것이 그것이다. 이런 전제 위에서 루터는 교황의 거짓과 교활한 책략, 월권행위 등을 조목조목 따져 나간다. 예를 들면 면죄부나 고해증서, 식사허가증 따위를 팔거나 성직을 교묘하게 팔아서 로마의 부를 쌓아가는 갖가지 방법들에 대해 상세히 열거한다. 그 밖에 성직자의 결혼문제, 탁발수도원의 문제, 로마순례 및 미사집전, 성사의 문제, 청소년의 성서교육, 대학개혁 등에 관해 자신의 견해를 피력하고, 이를 독일의 기독교 귀족들에게 호소한다. 심지어 독일인들 스스로 개혁할 점들, 예컨대 사치스런 의복 금지, 향신료 사용의 절제, 폭음과 폭식의 문제까지 세심하게 거론하고 있다.

신학에 관하여 거의 문외한인 역자가 이 책의 번역에 감히 뛰어들게 된 동기는 독일어판 번역이 없다는 아쉬움에서였다. 그러나 막상 번역 과정에서는 1500년도의 옛 독일어 문체, 복잡한 기독교 역사, 가톨릭교회의 관습 내지 관례 등에 대한 지식 부재로 많은 어려움이 뒤따랐으며, 따라서 수시로 인터넷과 각종 백과사전, 여러 종류의 성서들, 그리고 에른스트 켈러Ernst Kähler의 마르틴 루터 해설을 이용하지 않을 수 없었다. 특히 나중에 발견하게 된 지원용 선생님의 영문판 번역《루터의 종교개혁 3대 저작》은 나의 많은 오역과 과실들을 수정하는 데 큰 도움이 되었다. 이에 지원용 선생님께 진심으로 감사드린다. 끝으로 이 독일어판 번역서가 루터를 접하는 많은 분들에게 도움이 되기를 바라며, 차후 누군가 이 책을 다시 번역할 경우 많은 수정과 더 좋은 번역본이 나와 주기를 기대한다. 본서의 원전으로는 1955년도에 출간된 《Reclam-Verlag Stuttgart》를 주로 사용했으며, 때로는 그 이전에 나온 칼 벤라트Karl Benrath 교수의 서문이 들어간 1884년도 종교개혁사 협회판 《Verein für Reformationsgeschichte》를 사용했다.

2009년 3월

원당희

ㅇ

ㅈ

ㅋ

ㅍ

ㅎ

ㅇ

ㅈ

ㅊ

1483년

마르틴 루터는 11월 10일 독일의 아이슬레벤Eisleben에서 출생한다. 부친 한스 루터는 광산업으로 성공하여 시민계급에 진입한 중산층으로 아들의 교육과 성공에 큰 기대를 걸고 있었다.

1488년

만스펠트Mannsfeld의 초등학교에 취학하여 라틴어와 찬송가 등을 익히고 1년 뒤 아이제나흐Eisenach로 보내져 3년간 교육을 받는다.

1501년

에르푸르트Erfurt대학교에 입학하여 일반 교양과정을 공부한다. 1505년에는 여기서 교양학부를 마치고 부친의 뜻에 따라 법률공부를 시작한다.

1505년

7월 여름날 슈토터른하임 근처를 지나다 무서운 낙뢰를 만나고, 이를 계기로 하느님을 섬기기로 결심하여 아우구스티누스 수도회에 들어간다.

1507년

5월 부친이 출석한 가운데 사제 서품을 받는다. 이어서 비텐베르크 Bittenberg대학에서 철학과 신학을 강의하게 된다.

1509년

로마로 파견되어 교황청 일을 경험하고, 카타콤베 등 많은 것을 구경한다.

1512년

비텐베르크대학에서 신학박사 학위를 취득. 그의 선임자인 슈타우피츠Staupitz의 뒤를 이어 교수직에 임명된다. 이때 복음에 대한 깨달음을 얻게 되고, 고해성사나 면죄부를 통한 죄의 용서에 큰 회의를 갖게 된다.

1517년

10월 31일 당시 가톨릭교회의 관습으로 되어 있던 면죄부 판매에 대한 정면비판으로 〈95개 논제〉를 비텐베르크에서 발표함으로써 종교개혁의 신호탄을 발사한다.

1518년

아우구스부르크에서 카예탄 추기경의 요구, 즉 면죄부를 승인한 교황의 권위에 순종하라는 압박을 거절한다. 이런 문책 이전에 교황이 그를 로마로 소환하려 했으나 프리드리히 선제후와 대학 당국이 이를 막아준 바 있다.

1519년

소위 라이프치히 논쟁이 벌어진다. 7월 잉골슈타트의 신학교수였던 요한 엑크Johann Eck가 루터를 공격하자, 루터는 동료였던 칼슈타트Karlstadt와 함께 라이프치히로 가서 논쟁을 벌인다. 이 논쟁에서 루터는 교황의 권위를 다시 한 번 부정함으로써 교황과는 완전히 화해하기 어려운 관계에 빠진다.

1520년

교황 레오 10세는 루터를 공식 파문할 뜻을 교서로 밝힌다. 이 시기에 루터는 종교개혁에 관한 중요한 글들을 발표한다. 그 중 가장 대표적인 저술이 바로 본서 《독일의 기독교 귀족에게 고함》이다. 여기서 세 개의 장벽drei Mauer이라는 개념이 중심안건으로 제기되는데, 이는 진정한 개혁을 방해하는 교황의 수단에 불과하다는 것이다. 다음 세 가지가 바로 교황을 둘러싼 장벽으로서 규정된다. (1) 성직자의 권위가 세상권위보다 우위에 있다. (2) 교황만이 실수 없이 성서를 해석할 수 있다. (3) 교황만이 합법적으로 공의회를 소환할 수 있다.

1521년

교황의 파문에도 불구하고 프리드리히 선제후 및 루터의 지지자들은 보름스 국회Wormser Reichstag에서 루터가 변호할 기회를 얻어낸다. 루터는 당시 젊은 황제였던 카를 5세가 신변의 안전을 보장한 가운데 보름스 국회에 출석했지만, 여기서도 끝내 자신의 주장을 철회하지 않는다. 그는 이후 9개월 동안 프리드리히 선제후의 주선으로 바르트부르크Wartburg 성에 숨어 살면서 신약성서를 독일어로 번역하는 큰 성과를 이룬다.

1522년

비텐베르크로 돌아온 루터는 종교개혁의 과격성을 보이던 칼슈타트와 명백히 선을 긋기 시작한다. 그는 이후 몇 년간 인문주의자 에라스무스와 논쟁을 벌이는 한편, 독일에 재앙을 가져온 농민전쟁에 대해 사탄의 행위로까지 규정하면서 자신의 성서 신앙적 입장을 명확히 고수한다.

1525년

그의 나이 42세에 16세 연하의 전직 수녀 카타리나 폰 보라(1449~1552)와 결혼한다. 그는 그녀와의 결혼이 그간 자신이 가르쳐온 교리의 실천이라고 주장한다.

1546년

만스펠트에서 일어난 분쟁을 중재하려고 고향 아이슬레벤에 들렀던 루터는 이곳에서 삶을 마친다. 그의 유해는 비텐베르크의 교회에 안치되었다.